옛 스승에게 묻는 인간의 길 20제
인성면접 문제풀이

신태수

도서출판 지성人

머리말

옛 스승에게 묻는 인간의 길

　예전에 어느 신문에 난 기사입니다. A씨(23세, 남)가 전주시의 한 인도에서 B씨(31세, 여)를 폭행했다고 합니다. 신체의 특정 부위를 향해 유리병을 던지다 못해, 도망가는 B씨를 따라가서 낚아채고는 손으로 머리를 때렸다고 하네요. 평소에 A씨와 B씨는 아는 사이가 아닙니다. B씨로서는 어이가 없지요. 이전에 듣지도 못했고 알지도 못했던 사람으로부터 폭행을 당했으니까요. B씨가 항의하자 A씨는 기분이 나쁘다고 하며 또 다시 어깨를 밀치고 뺨을 때렸다고 하는군요. 경찰관이 폭행 이유를 묻자 A씨는 다음과 같이 말했다고 합니다. "웬! 세상에. 여자가 남자 앞을 나보란 듯이 하며 지나가다니. 나는 도저히 용서할 수 없어요." 정말 말도 안 되는 이유이지요. 문제를 해결하기 위해서는 무엇을 어떻게 해야 할까요?
　두 건의 사례를 참조해 보기로 합시다. 한 건은 1434년 11월에 간행된 『삼강행실도三綱行實圖』를 들 수 있지요. 『세종실록世宗實錄』에 의하면, 진주에서 끔찍한 존속살인사건이 발생했답니다. 세종은 이 소식을 듣고 천륜이 추락했다고 하며 노발대발했지요. 범인을 극형에 처하는 한편, 『삼강행실도』를 제작하여 전국에 배포했습니다. 다른 한 건은 2015년 7월 21일에 한국 정부에서 공표한 〈인성교육진흥법〉을 들 수 있지요. 2010년대의 한국 사회는 상당히 긴박했어요. 흉칙한 범죄가 하루가 멀다 하고 발생했거든요. 사회적인 처방책이 강력히 요청되자 정부에서 〈인성교육진흥법〉을 공표했답니다.

『삼강행실도』와 〈인성교육진흥법〉은 상호 공통점이 있습니다. 사회 지도층에서 옛 스승의 인성론을 지침으로 삼아 그릇된 세태를 바로잡겠다는 의지를 표명했다는 점이 바로 그것입니다.

사회 지도층에서 왜 옛 스승의 인성론을 지침으로 삼았을까요? 『삼강행실도』와 〈인성교육진흥법〉을 자세히 들여다보면 답이 나오겠지요. 『삼강행실도』에서는 옛 스승들의 인성론에 부합하는 사례를 들었습니다. 110명의 충행담忠行譚과 110명의 열행담烈行譚과 110명의 효행담孝行譚이 바로 그것이랍니다. 한편, 〈인성교육진흥법〉에서는 옛 스승들의 인성론 용어를 그대로 노출시키고 있어요. 8대 덕목 중의 예禮와 효孝가 그 좋은 사례가 되겠지요. 사회 지도층에서 자기 시대의 도덕이 타락했다고 여기고 그 해법을 제시하고자 할 때는 어김없이 옛 스승의 인성론을 전범典範으로 삼고 있군요. 우주 여행객을 모집하고 제4차 산업혁명을 거론하는 시대에 옛 스승의 해묵은 인성론을 새삼스럽게 끄집어내다니. 왜 이렇게 할까요? 짐작건대, 옛 스승의 인성론에 시대를 초월하는 내용이 담겼기 때문이겠지요.

옛 스승의 인성론을 들여다보지 않을 수 없네요. 인성론은 북송 전후로 성격을 달리합니다. 신유학이 존재론을 장착하면서 원시유학을 벗어나고 말았거든요. 물론, 인성론의 근본개념이 달라지지는 않았고, 작용과정이나 파급범위나 우주적 공능功能의 측면에서 달라졌지요. 신유학에 입각해서 옛 스승의 인성론을 정리하면, 두 가지가 됩니다. 단계적이고 점진적으로 수양의 범위를 넓혀 나간다고 한 점이 그 한 가지이고, 수양의 공능이 우주로까지 뻗어나간다고 한 점이 그 다른 한 가지입니다. 두 가지를 연결시킬 때, '나 자신의 본연지성을 보존·함양하고 내 주변 사물이나 타인의 본연지성을 탐색해 나가면 심心의 이理가 태극으로서의 이理와 같음을 느끼게 된다.'는 논점이 만들어지는군요. 이 논점에 입각해서 옛 스승의 인성론을 정리해 보겠습니다. '인간존재는 나약하나, 그 심心의 이理는 우주를 가득 채운다.'

옛 스승의 인성론이 오늘날에도 유용하네요. 수양 범위를 단계적으로 넓혀가면서 인간존재의 위상을 우주적 차원으로 격상시키라고 가르치므로, 참된 인간의 길을 걸어가는 데 좋은 지침이 됩니다. 좋은 지침이 된다면 어찌 따르지 않을 수가 있겠습니까? 필자는 옛 스승의 인성론이 사회 구성원에게 참된 인간의 길을 걷는 지침이 된다고 믿고, 옛 스승들의 인성론을 문제 해결의 근거로 삼고자 합니다. 문제 해결의 근거로 삼기 위해서는 방법론이 적절해야 합니다. 필자는 참된 인간의 길을 걷지 못하도록 하는 제반 요소들을 문제로 만들어서 제시하고, 옛 스승의 인성론이 어떻게 문제의 해법이 되는지를 입체적으로 보여줄 예정입니다. 옛 스승의 인성론을 근거로 삼아 현대사회의 문제를 해결해 나갈 때, 인간존재는 비로소 우주적 존재요 우주 섭리의 구현자요 명물자(命物者:사물을 부리는 자)로서 곧추설 수 있습니다.

2019년 2월 28일
인간존재의 우주적 위상을 꿈꾸며
아침 햇살이 눈부신 영남대 약수재弱水齋에서

약수弱水란?

　『산해경』〈해내서경海內西經〉에 의하면, 약수는 '곤륜산崑崙山을 감도는 어마어마하게 큰 강'이라고 해요. 기러기 털, 즉 홍모鴻毛조차 뜨지 않기 때문에 사람은 건너기가 어렵다고 합니다. 만약 이 강을 건너기만 하면 신선의 세계로 들어간다고 하네요. 이 내용이 사실일까요? 물론, 사실이 아니지요. 『산해경山海經』은 B.C.6년경의 신화집神話集이기 때문이거든요. 『설문해자說文解字』에서도 신화적 발상이 보이는군요. 봉황이 깃을 씻는 강이라고 하기 때문에, 이렇게 볼 수 있어요. 해당 부분을 인용해 보겠습니다. "[봉황이] 사해의 밖을 날아 곤륜산을 지나 지주의 물을 마시고 약수에 깃을 씻고 저녁에 풍혈에 잔다.(고상사해지외翺翔四海之外 과곤륜過崑崙 음지주飮砥柱 탁우약수濯羽弱水 막숙풍혈莫宿風穴)"고 하는 언급이 그것입니다. 약수는 『산해경』과 『설문해자』 이외의 전적典籍에서도 많이 보입니다. B.C.600년경의 『서경書經』과 B.C.120년경의 『회남자淮南子』 등을 대표적인 사례로 들 수 있어요. B.C.600년경으로까지 거슬러 올라가므로, 그 역사가 꽤나 유구하지요. 우리나라에서는 〈규원가閨怨歌〉, 〈규원사화揆園史話〉, 〈해동역사海東繹史〉등의 전적에서 '약수'라는 말이 보이네요.

◀ 목차 ▶

* 머리말 - 옛 스승에게 묻는 인간의 길

Ⅰ. 옛 스승의 인성론, 무엇을 가르쳐주는가? • 11
  1. 인간의 길 • 13
  2. 우주적 존재의 삶 • 15
  3. 정신적 면역력 함양방법 • 17

Ⅱ. 현대인의 길 묻기 • 21
  1. 일상생활 • 23
    01번 길 : 잡초, 왜 뽑지 않아야 하나? • 23
    02번 길 : "아직도 배가 12척이나 남았나이다."를 활용하면? • 23
    03번 길 : 전통시대 성리학자의 독서 목적은? • 23
    04번 길 : 효孝, 어떤 기능을 하는가? • 23
    05번 길 : 도덕과 이익, 어느 쪽을 택할까? • 24

  2. 직장생활 • 25
    06번 길 : 자신의 가치냐 조직의 가치냐? • 25
    07번 길 : 신고하느냐 덮느냐? • 25
    08번 길 : 젖혀 놓느냐 안고 가느냐? • 25
    09번 길 : 참아야 하나 따져야 하나? • 25
    10번 길 : 결과냐 과정이냐? • 25

  3. 취미생활 • 26
    11번 길 : 퇴계는 왜 매화를 사랑했는가? • 26
    12번 길 : 자연인 관련 프로그램을 왜 즐겨 보는가? • 26
    13번 길 : 활쏘기가 왜 정신 건강에 좋은가? • 26

14번 길 : 등산, 인간존재를 어떤 경지에 이르게 하나? • 26
15번 길 : 강태공의 곧은 바늘, 무엇을 의미하는가? • 27

4. 탐구생활 • 28

16번 길 : 본성이 왜 하늘의 이치인가? • 28
17번 길 : 천강千江의 달이 동일한 까닭은? • 28
18번 길 : 활간活看을 강조하는 이유는? • 28
19번 길 : 흉악한 살인범 교도, 효과가 있겠는가? • 28
20번 길 : 최저임금제도의 인성론적 의의는? • 29

Ⅲ. 옛 스승의 길 가리켜주기 • 31

1. 일상생활 • 33

01번 길 : 모든 생명의 가치는 동일하니까. • 34
02번 길 : 아직 본성을 지키는 자가 적지 않나이다. • 40
03번 길 : 심신 수양의 독서생활 • 47
04번 길 : 평범한 존재를 위대한 존재로 • 54
05번 길 : 더 큰 이익을 위해 도덕을 택하라! • 61

2. 직장생활 • 68

06번 길 : 자신의 가치도 살리고 조직의 가치도 살리고 • 69
07번 길 : 기한을 주고 지켜보라! • 76
08번 길 : 무조건 끝까지 안고 가라! • 83
09번 길 : 동료의 숨은 장점을 찾아보라! • 90
10번 길 : 결과 이상으로 과정이 중요하다. • 97

3. 취미생활 • 103

11번 길 : 매화의 본성을 탐구하고 실천하기 위해 • 104
12번 길 : 나 자신을 벗어날 수 있게 하므로 • 112

13번 길 : 잡념을 없애주기 때문에 • 119
14번 길 : 나는 산이 되고 산은 내가 되는 경지 • 126
15번 길 : 인욕을 없애고 본성을 기른다. • 133
4. 탐구생활 • 140
16번 길 : 인간과 하늘이 같기 때문에 • 141
17번 길 : 이理는 하나이기 때문에 • 148
18번 길 : 이치를 생생하게 파악하기 위해 • 154
19번 길 : 교육으로 인성을 바로잡을 수 있다. • 161
20번 길 : 성즉리설의 제도적 구현 • 168

Ⅳ. 용어 해설 • 175
1. 일반 용어 • 177
2. 유학 용어 • 180

◀ 부록 ▶
1. 참고문헌 • 198
2. 색인 • 201

I. 옛 스승의 인성론,
무엇을 가르쳐주는가?

　옳기는 해도 듣기에는 거북한 말들이 있습니다. "인성이 무너졌다"고 하거나 "마음 놓고 살 수 없다"고 하는 넋두리가 그것입니다. 세상이 정상적이지 않다고 여겨 이런 넋두리를 하겠지요. 인심이 험해지고 불신이 팽배하니, 세상이 비정상적이기는 합니다. 문제는 발화자의 논법이에요. 발화자는 비정상적인 세상 탓으로 자신이 불행해졌다고 말하려 하고, 자기 탓으로 비정상적인 세상이 되었다고 말하려 하지 않아요. 이 세상에서 사는 한, 책임이 있어요. 흔적을 남기잖아요. 흔적을 남긴다면 책임도 있는 거예요. 그 흔적 속에 든 나쁜 요소가 이리저리 뭉쳐져서 세상을 비정상적이게 하므로, 누구든지 책임으로부터 자유로울 수 없어요. 어떻게 해야 할까요? 옛 스승이 좋은 처방을 제시한 바 있으니, 그 처방을 힘껏 찾아보기로 합시다.

1. 인간의 길

옛 스승들은 모두 자기 수양을 강조했습니다. 자기 수양을 강조하는 이유는 인간을 사회적 동물로 보기 때문이지요. 혼자서만 살아간다면 무슨 수양이 필요하겠습니까? 본능이 시키는 대로 하면 그만이지요. 가령, 먹고 싶은 대로 먹고, 자고 싶은 대로 자고, 떠들고 싶은 대로 떠들면 되지요. 본능대로 할 때 편하기는 하나 거칠어져요. 울퉁불퉁해지고 울룩불룩해지거든요. 인간은 더불어 살아가야 하기에 본능을 다스릴 수밖에 없습니다. 타인에게 해를 끼치기 때문이지요. 본능을 다스리기 위해서는 외부로부터 무기를 가져와야 하나요? 옛 스승들은 그렇다고 하지 않습니다. 이구동성으로 '본능을 이기는 무기'가 자기 마음속에 있다고 합니다. 결국, 자기 수양을 하기 위해서는 자기 마음속에 있는 무기를 찾아내는 일이 급선무이겠지요.

마음속에 있는 무기가 무엇일까요? 공자가 '인仁'이라고 하네요. '인'은 많은 뜻을 지녔지만, 인간의 선한 본성이라는 의미망을 벗어나지는 않습니다. '인'이 무기인 까닭은 "나를 이기고 예로 돌아간다.(극기부례克己復禮·『논어論語』안연顏淵)"라고 하는 데서 잘 나타납니다. '나'란 곧 '본능'을 가리키지요. '인'이 본능인 '나'를 이긴다고 하니, 강력한 무기라고 할 수 있지요. 특별한 자만 '인'을 지닐 것 같지만, 그렇지 않습니다. 공자는 인간이라면 모두 '인'을 지녔다고 해요. 가려져서 잘 드러나지 않기 때문에 심신을 수양해서 끄집어내어야 한다고 해요. 그렇게 하면, 누구든 '인'의 주체가 될 수 있어요. "인이 멀리 있는 것일까? 내가 인을 바란다면 그 인은 내 앞에 이르리라.(인원호재仁遠乎哉 아욕인我欲仁 사인지의斯仁至矣·『논어論語』술이述而)"는 언급이 그런 점을 시사하고 있습니다. 동물이나 식물에게는 '인'이 없다고 볼 때, 인간만이 '인'을 마음속에 지녔다고 보면 되겠지요.

'인'이 인간만이 지닌 마음속의 보배라고 한들 끄집어내지 않으면 무용지물이지요. 사회공동체에서 활용해야 빛을 발하겠지요. 이에 대해서는 맹자가 많이 언급했습니다. '인'의 실현 방안으로서 '의義'를 내세웠거든요. '의'란 '이利'와 대비되는 개념으로서 '모두가 반드시 갖추어야 할 도덕적 가치'를 가리킵니다. '인'이 '의'를 통해 실현될 때 자기 수양으로서의 '인'은 당사자의 범주를 넘어선다고 합니다. 『중용中庸』에서 성誠의 개념으로 제시한 "성기성물成己成物"이라든가 『대학大學』에서 선비의 길이라고 제시한 "수신제가치국평천하修身齊家治國平天下"라든가 하는 데서 그런 점이 드러나지요. 자기 수양으로서의 '인'이 타물을 변화시킬 뿐만 아니라 집안과 나라와 천하를 변화시킨다고 하니, 그 위력이 실로 어마어마합니다. 좋은 사상은 만고불변이지요. 공맹孔孟의 인의사상仁義思想이 오늘날에도 거론되고 있잖아요.

인의사상이 오늘날에도 거론된다고 할 때, 그 증거는 무엇일까요? 사례 두 가지를 들어보겠습니다. 2015년 5월에 인천에서 개최된 세계교육포럼과 2015년 7월에 국내에서 공표된 〈인성교육진흥법〉의 내용이 그것입니다. 세계교육포럼에서는 지구촌의 빈곤·인권·평화·환경문제를 해결하고자 했고, 〈인성교육진흥법〉에서는 예禮, 효孝, 정직, 책임, 존중, 배려, 소통, 협동의 실천방안을 모색하고자 했습니다. 세계교육포럼과 〈인성교육진흥법〉의 목표를 보면, 인의사상을 기조로 해요. 가령, 지구촌의 빈곤을 해결하는 데 선한 본성인 '인'이 발휘되어야 하고, 예禮나 효孝를 실천하는 데 선한 본성인 '인'이 발휘되어야 해요. 과거에도 인의사상이 필요했지만, 오늘날에는 과거 이상으로 필요하군요. '인간의 길'을 모색하는 방법론이 인의사상이니까 그렇겠지요. 옛 스승이 가르쳐준 인간의 길! 모두가 따라야 하지 않을까요?

2. 우주적 존재의 삶

송대 성리학에서는 인간을 우주적 존재라고 합니다. 과학이 발달하지 않았던 시대에 어떻게 해서 인간을 우주적 존재라고 했는지가 궁금하네요. 성리학의 인성론에서 인人과 천天을 대응시키고 있으므로, 성리학의 인성론을 눈여겨보지 않을 수 없지요. 성리학 이전의 인성론에서는 공자의 성상근론性相近論과 맹자의 성선설性善說과 『중용』의 천명지위성론天命之謂性論만 덩그러니 놓여 있었지요. 즉, 성상근론과 성선설은 지상적 차원이고 천명지위성론은 천상적 차원이었고, 서로 이어지지 못했습니다. 정이程頤가 나서면서 상황이 급변하지요. 성性이 곧 이理라는 성즉리설性卽理說을 주창하며 인간을 우주적 존재라고 불렀답니다. 이 한 번의 명명으로 성상근론·성선설과 천명지위성론은 하나의 끈으로 연결되었지요.

성즉리설이 그리 대단한가요? 예, 대단하지요. 하나의 논설이 기존 사유방식을 젖혀내기란 하늘의 별따기인데, 성즉리설은 하늘의 별을 따냈거든요. 유가 인성론의 제1명제라는 위상을 꿰차버린 점이 그 근거입니다. '인성론에 존재론 포섭하기'가 그 비결이지요. 원시유학에서는 존재론이 인성론과는 다른 위치에 있었어요. 인성론과 별개로 있기도 하고 인성론보다 높은 위상을 지니기도 했지요. 정이가 존재론, 그것도 이기理氣 개념에 바탕을 둔 존재론을 인성론에 끌어들였으니, 기존 범주와 위계를 파괴한 셈이지요. 파괴 행위가 수용되면 혁명이고 수용되지 못하면 반역일 터인데, 정이의 성즉리설은 혁명이 됩니다. 대환영을 받은 거지요. 새로운 사유방식을 요구하는 시대적 요청을 정이가 선도했고, 유가에서는 절찬리에 수용했던 것이지요. 이런 혁명을 통해 성즉리설은 유가 인성론의 제1명제라는 위상을 차지하게 되었답니다.

성즉리설이 유가 인성론의 제1명제가 되면서 놀라운 변화가 나타납니다. 첫째, 원시유학에서 거론된 천인관계를 존재론에 입각해서

재해석한다는 점입니다. 『중용』의 중화론中和論을 놓고 인식의 주체가 천지의 화육사업化育事業에 참여한다고 해석한 경우는 그 좋은 예가 됩니다. 둘째, 본연지성을 구현한 자를 존재론에 입각해서 우주적 존재로 규정한다는 점입니다. 선한 본성을 구현하면 천리天理를 체인한다고 보고, 효자孝子를 우주적 존재로 칭송하는 경우는 그 좋은 예가 됩니다. 두 가지 사례를 보건대, 누구든지 본연지성을 구현하기만 하면 우주의 화육사업에 참여하게 되고, 우주적 존재가 된다고 할 수 있어요. 성즉리설로 인해 천天과 인人의 위계가 무너지고 인간존재와 우주적 존재 간의 간극이 좁혀졌다는 점에서, 성즉리설이야말로 천하 생민에게 우주적 존재가 될 기회를 고루 부여했다고 할 수 있습니다.

　소강절邵康節은 한 걸음 더 나아갔답니다. "사람의 마음이 우주다.(심위태극心爲太極)"라고 하며 개개인이 각기 우주를 지녔다고 하네요. 액면 그대로 받아들이면 재미있는 말들이 가능해요. "한 사람이 세상에 태어나면 하나의 우주가 새롭게 창조된다." 또 이런 언급도 가능하겠네요. "저 사람은 걷고 있으니 걸어다니는 우주이고, 이 사람은 춤을 추니 춤추는 우주로세." 물론, 이런 언급을 하기 위해서는 전제를 충족시켜야 해요. 인욕人欲을 제거하고 본연지성을 보존·함양하는 경지, 즉 '지고지순한 마음의 상태'를 확보해야 태극太極이라고 하는 우주가 되므로, 전제란 '끊임없는 수양으로 인욕 제거하기'라 할 수 있지요. 전제를 충족시키기가 만만치 않지요? 우주가 되기는 쉽지 않겠으나, 어깨는 들썩거리네요. 열심히 수양하면 누구나 우주의 경지에 오른다고 하니까요. 술자리에서 이런 건배사가 나올 법하네요. "여러분! 우리 모두 우주가 됩시다."

3. 정신적 면역력 함양방법

　면역력은 신체의 방어선과 같습니다. '사람이나 동물의 몸 안에 형성하는 병원균이나 독소 등의 항원抗原을 막아내는 능력'이 면역력이므로, 면역력을 신체의 방어선에 비유할 수 있지요. 이른바 방어선은 신체에만 있지 않지요. 정신 영역에도 방어선이 있답니다. 정신 영역의 내부에서 생긴 이기심과 외부로부터 이입된 저급한 의식과 가치를 정신적 항원이라 할 때, 정신 영역의 내부에는 그런 정신적 항원을 배격하는 능력이 엄연히 있지요. 이런 능력을 무엇이라고 부를까요? 아직까지 어느 논자도 용어를 뚜렷하게 만들어서 구사하지 않고 있으므로, 부족하나마 필자가 명명해보기로 하겠습니다. 신체의 방어선을 신체적 면역력이라고 부르므로, 정신 영역의 방어선도 이에 대응시켜 볼 수 있습니다. '정신적 면역력'이 어떨까 합니다.
　유학의 세계에는 정신적 면역력에 해당되는 용어가 있지요. 본연지성本然之性이 그것입니다. 옛 스승에 의하면, 본연지성은 하늘로부터 부여받은 성性으로서 순선무악純善無惡하고 허령불매虛靈不昧합니다. 인간과 천지만물은 동일한 본연지성을 지녔고요. 다만 가리키는 용어만 서로 다를 뿐이지요. 천도天道의 운행으로 말하면, 본연의 체體는 원元·형亨·이利·정貞이요 본연의 용用은 춘·하·추·동의 사시四時라고 해요. 인도人道의 심성으로 말하면, 본연지성의 체는 인·의·예·지요 본연지성의 용은 측은·수오·사양·시비의 사단이라고 해요. 용어를 어떻게 구사하더라도 인간과 천지만물의 본연지성은 순선무악하고 허령불매하답니다. 본연지성이 언제까지나 유지되느냐 하면, 그렇지 않아요. 기질지성이 발동하면 악惡으로 표출될 가능성이 많아져요. 옛 스승의 걱정이 바로 여기에 있었어요.
　기질지성이 발동하면 왜 악으로 표출될 가능성이 많을까요? 기질지성은 선할 수도 악할 수도 있습니다. 선악의 분기점은 인욕人欲이지요. 천리가 기질을 이기면 인욕이 없어지고 기질이 천리를 이기면 인욕이 강해져요. 인욕이 약해지면 선善이 나타나고 인욕이 강해지면 악이 나타나지요. 악이 표출되지 않도록 하기 위해서는 한 가지 방법밖에 없습니다. 인욕이 표출될 여지를 없애버려야 합니다. 어떻게 해야 할까요? 오로지 경敬에 입각해서 천리가 기질을 이기도록 수양해야 합니다. 그래야만 정신적 면역력인 본연지성을 보존할 수가 있어요. 물론, 본연지성을 보존하는 데서 그쳐서는 안 됩니다.『시경詩經』〈대우모편大禹謨篇〉의 "인심은 위태하고 도심은 희미하다.(인심유위人心惟危 도심유미道心惟微)"라는 명구가 오늘날에도 여전히 유효하므로, 본연지성을 함양하는 데 주력해야 합니다. 그 요목을 세 가지 제시하기로 하겠습니다.

첫째, 자기 마음의 아랫목을 수색해야 합니다. 아랫목은 따뜻하지요. 차가운 몸을 녹여주기도 하고, 사나운 기운을 누그러뜨리기도 합니다. 윗목에서는 그렇지 못하지요. 몸을 녹이려 하다가 더 차갑게 되고 기운을 누그러뜨리려 하다가 더 사납게 됩니다. 본연지성의 함양방법두 이와 마찬가지이지요. 천리가 인욕을 이기도록 해야 본연지성이 함양될 터인데, 그런 가능성은 '정신 집중의 상태', 즉 경敬이 아니고서는 도저히 불가능하답니다. 바로 이 경敬이 따뜻한 아랫목에 해당됩니다. 따뜻한 아랫목인 경敬의 덕목을 젖혀놓고 윗목에서 특효약이나 찾아서야 정신적 면역력이 함양되겠습니까? 퇴계 이황李滉이 '윗목에서 특효약이나 찾는 행위'에 대해 경종을 울린 바 있지요. "비록 천 편의 글을 외우고 머리가 희도록 경전을 이야기한들 무슨 보탬이 있겠는가?(수송진천편雖誦盡千編 백수담경白首談經 역하익재亦何益哉.『퇴계전서退溪全書』언행록言行錄, 권卷1)"라고.

둘째, 천지만물의 본연지성을 탐구해야 합니다. 인간을 비롯한 천지만물은 모두 본연지성을 지녔거든요. 다시 말해, 나에게도, 남에게도, 동식물에게도 본연지성이 있지요. 나의 본연지성을 탐구한 다음, 나 이외의 남이나 사물에게로 나아가 그 본연지성을 탐구한다면, 나의 본연지성이 더욱 더 커질 수가 있습니다. 성리학에서는 이와 같은 본연지성의 탐구 행위를 격물格物이라고 부른답니다. 격물이란 많이 하면 할수록 좋습니다. 격물을 많이 하면 탐구의 양이 많아지고 탐구의 양이 많아지면 본연지성에 대한 지식도 확장되기 때문입니다. 바깥 보물을 많이 가져올수록 그만큼 내 전체 보물의 양도 불어난다고 이해하면 좋아요. 보물이 불어날수록 부자가 되듯이, 격물을 왕성하게 할수록 본연지성이 함양되겠지요. 본연지성이 정신적 면역력임을 상기할 때, 정신적 면역력을 함양하기 위해서는 절대로 격물 행위를 멈출 수는 없겠지요.

셋째, 안과 밖의 구별을 없애야 합니다. 당연한 언급이지만, 보이는 것이 전부가 아니지요. 현상은 달라보여도 이치는 같을 수 있어요. 가령, 인간과 동물은 서로 모양이 다르지만, 본연지성은 같잖아요. 모양만 보고 본연지성을 다르게 파악하면, 안에서 밖을 보거나 밖에서 안을 보는 행위와 다를 바 없어요. 현상에 얽매일수록 치우치고 좁아져서 본연지성을 함양하기 어렵다고 정리할 수 있겠지요. 정호程顥가 『정성서定性書』라는 논저에서 아주 멋진 언급을 했답니다. "군자의 마음이 능히 탁 트이고 매우 공정한 까닭은 그 본성을 온전히 파악하고 안팎의 구별을 없앴기 때문이다.(군자지심君子之心 소이능확연이대공자所以能廓然而大公者 이능전기성이무내외야以能全其性而無內外也)"라는 언급이 그것입니다. 구분과 구별로부터 벗어난 불기不羈의 경지! 자유라는 구호조차도 잊어버리는 무상無想의 경지! 불기와 무상의 경지가 본연지성을 살찌우는 토양이 아닐까 합니다.

Ⅱ. 현대인의 길 묻기

□ 문제는 모두 20개입니다. 20개의 각 문제에 가급적 일상적이거나 시사적이거나 한 관심사를 담아내고자 했습니다.
□ 문제의 유형을 크게 네 가지로 구분했습니다. 네 가지 유형이란 일상생활, 직장생활, 취미생활, 탐구생활입니다.
□ 문제를 읽고 두 가지 버전(version)으로 답변을 준비해 보세요. 상식적 차원과 성리학적 차원이 그것입니다.
□ 답변을 할 때는 구술로 해도 좋고 논술로 해도 좋습니다. 어느 쪽으로 답변하든 간에 논리를 갖추도록 하세요. 논리의 구축 방법은 다음과 같습니다.

　최소한 다음 두 가지 조건을 충족시켜야 논리를 구축할 수 있습니다. 우선, 각 문단마다 방향제시, 분석, 종합이 나타나야 하고, 방향제시, 분석, 종합은 점층적으로 단계를 형성해야 합니다. 〈방향제시〉→〈분석〉→〈종합〉의 형태가 되겠지요. 그 다음으로, 각 단계에 합당한 내용을 배치해야 합니다. 각 단계의 속성과 배치 내용을 제시하면 다음과 같습니다. 〈방향제시〉는 문단의 방향을 설명하는 곳입니다. 논점의 속성을 규정하거나 논점의 전개 방향을 알려주어야 합니다. 〈분석〉은 대상 내부의 핵심 정보를 설명하는 곳입니다. 반드시 두 가지 이상의 내용을 제시해야 합니다. 〈분석〉을 한다고 해 놓고 한 가지만 장황하게 제시한다면 〈분석〉의 자격을 상실하고 맙니다. 〈종합〉은 〈분석〉의 내용을 정리하는 한편 일반화를 시도하는 곳입니다. 〈방향제시〉에 화답하면서도 〈분석〉의 내용을 포괄하는 내용을 담고 있어야 하겠지요. 내용의 무게가 〈방향제시〉보다 무겁고 〈분석〉보다도 더 무거워져야 제격입니다. 사회 구조를 겨냥하거나 역사 보편의 가치를 드러내거나 하면 무난합니다.

1. 일상생활

01번 길 : 잡초, 왜 뽑지 않아야 하나?

마당에 여러 가지 풀들이 무성하게 자란다면 어떻게 해야 할까요?. 그 풀들을 모두 뽑아야 하나요, 모두 뽑지 않아야 하나요, 아니면 특정 종류의 풀만 뽑아야 하나요? 대부분의 사람들은 모두 뽑아야 한다고 하거나 특정 종류의 풀만 뽑아야 한다고 하네요. 의외로 A씨는 모두 뽑지 않아야 한다고 주장하고 있군요. A씨가 어떤 생각을 가졌기에 이런 주장을 할까요?

02번 길 : "아직도 배가 12척이나 남았나이다."를 활용하면?

임진왜란 때, 이순신 장군은 선조임금에게 "아직도 배가 12척이나 남았나이다."라고 했어요. 아군이 거의 궤멸된 상태인데도 불구하고 이와 같이 말했지요. 이 말을 본성本性과 결부시킨다면 어떻게 될까요? 어떤 언급이 나올 수 있는지를 밝히고, 그 의미를 설명해 보세요.

03번 길 : 전통시대 성리학자들의 독서 목적은?

흔히들 현대인은 대부분 실용적 목적을 위해 독서한다고 해요. 타인으로부터 인정받거나 취업시험을 잘 치르기 위해 독서한다고 하여 이렇게 진단한답니다. 이와 같은 현대인의 독서 경향은 전통시대 성리학자들의 경우와는 많이 다릅니다. 전통시대 성리학자들의 독서 목적은 무엇이었을까요?

04번 길 : 효孝, 어떤 기능을 하는가?

교육진단포럼에서 어떤 교육 전문가가 다음과 같이 말했습니다. "효孝 교육이 제대로 되지 않아 모든 것이 뒤틀렸어."라고. 교육 전문가의 말을 뒤집어보면, 효 교육이 잘 되면 모든 것이 밝아지고 순조롭다는 의미가 됩니다. 교육 전문가는 과연 효의 기능을 어떻게 생각하고 있을까요? 교육 전문가의 생각을 인성론적 차원에서 추론해 보세요.

05번 길 : 도덕과 이익, 어느 쪽을 택할까?

소매치기해서 얻은 돈이라든가 특허를 도용해서 번 돈은 이익에는 부합하되 도덕에는 부합하지 않습니다. 국가의 토지수용령에 부응해서 시세보다 적게 받은 돈은 이익에는 부합하지 않되 도덕에는 부합합니다. 이 두 사례는 공통점을 지닙니다. 도덕을 택하면 이익이 훼손되고 이익을 택하면 도덕이 훼손된다는 점이 그것입니다. 다시 말해, 도덕과 이익의 충돌 현상을 다루었다고 할 수 있겠지요. 만약, 도덕과 이익이 충돌한다면, 어느 쪽을 택해야 좋을까요?

2. 직장생활

06번 길 : 자신의 가치냐 조직의 가치냐?

A씨가 모 기업체에 입사했어요. 아! 그런데, 자신이 추구하는 가치와 조직이 추구하는 가치가 다른 거예요. 이럴 경우, 어떻게 해야 할까요?

07번 길 : 신고하느냐 덮느냐?

A씨는 말단 사원인데요. 직장에서 우연히 상사의 비리 행위를 목격했어요. 이럴 때, 회사의 상부에 신고해야 하나요 덮어버려야 하나요?

08번 길 : 젖혀 놓느냐 안고 가느냐?

팀을 구성해서 프로젝트를 수행한다고 가정합시다. 구성원 중의 어느 한 명이 게으름을 피운다고 한다면 어떻게 해야 할까요?

09번 길 : 참아야 하나 따져야 하나?

고과점수에 따라 수당을 차등 지급한다고 가정해봅시다. 동료가 별로 뛰어나지 않은 듯한데도 자기 자신보다 고과점수를 더 높게 받고 수당도 더 많이 받아간다면 어떻게 하겠습니까?

10번 길 : 결과냐 과정이냐?

일반적으로는 과정과 결과가 모두 중요하다고 말하지만, 경중에 있어서는 의견이 일치하지 않습니다. 어떤 사람들은 결과가 과정보다 더 중요하다고 하고, 또 어떤 사람들은 과정보다 결과를 더 중요하다고 합니다. 결과가 더 중요할까요 과정이 더 중요할까요?

3. 취미생활

11번 길 : 퇴계 이황은 왜 매화를 사랑했는가?

퇴계 이황은 매화를 매우 사랑했습니다. 퇴계가 매화를 제재로 하여 창작한 시, 즉 퇴계 매화시에서는 매화를 마치 친구나 애인으로 형상화하고 있거든요. 대부분의 학자들은 퇴계가 매화를 격물格物의 대상으로 삼았다고 하네요. 퇴계의 매화 사랑을 격물과 연관지워 설명해 보세요.

12번 길 : 자연인 관련 프로그램을 왜 즐겨 보는가?

모 종편방송국에서 '〈나는 자연인이다〉 프로그램'을 방영한 이래, 여러 방송국에서 덩달아 이와 유사한 프로그램을 방영하고 있습니다. 어느 방송국에서든 간에 '자연인 관련 프로그램'의 시청률이 높은 편이라고 하네요. 시청률이 높으니까 방송국마다 방영한다고 볼 수 있겠지요. 시청률이 높은 까닭이 과연 무엇일까요? 인성론의 관점에서 시청률이 높은 이유를 설명해 보세요.

13번 길 : 활쏘기가 왜 정신 건강에 좋은가?

K씨는 요즈음 이런저런 일로 정신이 산만해졌습니다. 친구로부터 국궁장國弓場에 가서 활쏘기를 해보라는 권유를 받았습니다. 처음에는 일주일에 한 번 정도 출입하다가 요즈음에는 일주일에 3회 정도 출입합니다. 자주 출입하는 까닭은 활쏘기가 정신 건강에 좋다고 확신했기 때문입니다. 활쏘기가 왜 정신 건강에 좋을까요?

14번 길 : 등산, 인간존재를 어떤 경지에 이르게 하나?

옛 스승들은 제자들에게 등산을 적극적으로 권장했답니다. 등산이 인간존재를 어떤 경지에 이르게 한다고 믿기에 적극적으로 권장할까요?

15번 길 : 강태공의 곧은 바늘, 무엇을 의미하는가?

흔히들 낚시꾼을 일러 강태공이라고 하지요. 오늘날에도 이런 강태공이 많이 보이지만, 과거의 강태공과 일치하지는 않습니다. 과거의 강태공은 은나라 말기의 은자隱者였지요. 위수渭水라는 강가에서 곧은 바늘로 낚시하다가 주무왕周武王을 만나 드디어 재상의 위치에 오른답니다. 오늘날의 강태공은 굽은 바늘로 낚시를 하지만, 과거의 강태공은 곧은 바늘로 낚시를 했네요. 이런 정황을 참조하여 강태공이 곧은 바늘이 무엇을 의미하는지를 인성론적 차원에서 설명해 보세요.

4. 탐구생활

16번 길 : 본성이 왜 하늘의 이치인가?

어떤 상담사가 자기 존재를 비하하는 사람에게 "'나의 본성이 곧 하늘의 이치다.'라고 여기며 사세요."라고 조언했다고 합니다. '나의 본성이 곧 하늘의 이치다.'라는 명제가 무슨 의미이며, 인간 존재의 어떤 측면을 설명하는 말일까요?

17번 길 : 천강千江의 달이 동일한 까닭은?

경포대에 가면 달이 다섯 개가 뜬다고 하네요. 하늘의 달과 바다의 달과 호수의 달과 술잔의 달과 임의 눈동자에 뜬 달이 그것이랍니다. 대부분의 사람들은 하늘의 달과 그 나머지 달이 다르다고 하네요. 달이 떠 있는 곳이 서로 다르기 때문이겠지요. 그런데, A씨는 하늘의 달과 그 나머지 달이 근본적으로 동일하다고 하네요. 떠 있는 곳이 엄연히 서로 다른 데도 불구하고 왜 근본적으로 동일하다고 할까요?

18번 길 : 활간活看을 강조하는 이유는?

옛 스승들은 하나같이 인성을 탐구하기 위해서는 활간해야 한다고 했습니다. 활간이란 '전후 정황을 충분히 헤아려 특정 개념의 가치나 의미를 융통성 있게 파악하는 방법'을 가리킵니다. 이 개념을 참조하여 옛 스승들이 왜 활간을 강조하는지를 설명해 보세요.

19번 길 : 흉악한 살인범 교도, 효과가 있겠는가?

근래 들어, 흉악한 살인사건이 빈발하고 있습니다. 일각에서는 일벌백계식으로 사형에 처해야 한다고 주장하고 있으나, 오히려 정부는 사형제도 폐지를 표방하고 있습니다. 사형제도를 폐지해야 한다고 하는 까닭은 여러 가지이지만, 그 중에서 간과할 수 없는 까닭이 하나 있답니다. 흉악한 살인범도 교도하면 올바른 시민으로 되돌아간다고 하는 믿음이 그것입니다. 교도의 효과가 과연 있을까요? 인성론적 차원에서 물음에 답해 보세요.

20번 길 : 최저임금제도의 인성론적 의의는?

요즈음, 최저임금제도를 놓고 논란이 뜨겁습니다. 최저임금제도란 '근로자의 생활 안정과 근로 능력 향상을 목적으로 국가가 노사간의 임금 결정 과정에 개입하여 근로자에게 임금의 최저 수준을 보장하고, 사용자에게 최저 임금 수준 이상의 임금을 지급하도록 강제하는 제도'를 말한답니다. 이 최저임금제도의 근본 취지를 인성론적 차원에서 설명해 보세요.

Ⅲ. 옛 스승의 길 가리켜주기

▢ 각 문제마다 이정표, 관련 이론, 점검과 확장, 연습 문제의 항목을 설정하고, 항목별로 A, B, C, D의 알파벳을 부여했습니다.
▢ 앞의 〈Ⅱ. 현대인의 길 묻기〉에서 상식적 차원과 성리학적 차원에서 답변을 준비하라고 했지요. 그렇다면 이정표를 두 개 마련할 필요가 있습니다. 한 개의 이정표는 〈짧고 얕은 길〉 코너를 가리키도록 하고, 다른 한 개의 이정표는 〈길고 그윽한 길〉 코너를 가리키도록 하겠습니다.
▢ 〈짧고 얕은 길〉과 〈길고 그윽한 길〉 코너의 내용을 보충하는 〈참고사항〉을 각각 배치했습니다. 참고사항 1과 참고사항 2가 그것입니다. 참고사항 1에서는 예술의 전영역이 동원됩니다. 시, 소설, 수필, 영화, 드라마, 연극, 오페라, 그림, 조각, 건물조형 등과 연관된 논의가 그것입니다. 참고사항 2에서는 철학적 논점을 심도 있게 다루겠습니다. 답변의 질을 높이는 데 기여하리라 봅니다.
▢ '점검과 확장' 항목에서는 각 길에 배치된 문제의 출제 취지, 문제와 연관된 개념의 설명, 문제의 내용과 현대사회와의 연관성 등을 밝힙니다.
▢ 〈짧고 얕은 길〉과 〈길고 그윽한 길〉 코너에서는 예시답안를 담았습니다. 예시답안을 작성할 때 여러 경우의 수를 먼저 생각하고 그 가운데서 어느 하나를 선택했습니다. 지면 관계상 모든 경우의 수를 고려하기는 어렵거든요. 여러분은 저자가 선택하지 않은 다른 경우를 선택해서 답변을 준비해 보시기 바랍니다.
▢ 취업 관련 인성면접 시에는 옛 스승의 가르침을 충실히 따라야 합니다. 〈2장 직장생활〉의 다섯 문제가 여기에 해당됩니다. 옛 스승

은 유선유악한 기질지성을 억제하고 순선무악한 본연지성을 보존하고 함양해야 한다고 가르쳤습니다. 이 가르침을 따라, 문제의 답변에 본연지성을 보존하고 함양한다는 취지를 담아야 합니다. '이 사람이 발산하는 해피 바이러스가 조직공동체에 유용하겠구나!'라고 하는 인상을 준다면 본연지성을 보존하고 함양한다는 취지가 답변에 담겼다고 볼 수 있겠지요. 인성면접 시의 답변 원칙은 '답변 속에 본연지성을 보존하고 함양한다는 취지 담기'이니, 명심하고 명심해야 합니다. 세월이 엄청나게 흘렀지만, 인성면접 문제에 관한 한, 옛 스승의 가르침이 여전히 유효합니다.

1. 일상생활

34 옛 스승에게 묻는 인간의 길 20제 - 인성면접 문제풀이

01번 길 : 모든 생명의 가치는 동일하니까.

◀ 문제확인 ▶

◈ 잡초, 왜 뽑지 않아야 하나?

마당에 여러 가지 풀들이 무성하게 자란다면 어떻게 해야 할까요?. 그 풀들을 모두 뽑아야 하나요, 모두 뽑지 않아야 하나요, 아니면 특정 종류의 풀만 뽑아야 하나요? 대부분의 사람들은 모두 뽑아야 한다고 하거나 특정 종류의 풀만 뽑아야 한다고 하네요. 의외로 K씨는 모두 뽑지 않아야 한다고 주장하고 있군요. K씨가 어떤 생각을 가졌기에 이런 주장을 할까요?

A. 이정표

◀ 짧고 얕은 길 ▶

K씨가 게을러서 풀을 뽑지 않는다고 할 수는 없지요. 대부분의 사람들과는 달리, 풀을 뽑지 않아야 한다고 단호하게 말했잖아요. 범상치가 않아요. 짐작컨대, K씨는 '생명은 그 자체로 존중되어야 한다.'는 신념을 지녔을 것 같아요. 한 발 더 나아가, '풀 또한 사람과 마찬가지의 생명을 가졌다.'는 신념을 지녔다고 해도 무방하겠지요. 이런 정도의 신념이 아니고서는 단호하게 한 포기의 풀도 뽑지 않아야 한다고 말할 수는 없었겠지요. 생명의 가치에 차등을 두는지의 여부는 분명치 않아요. 즉, 종種에 따라 생명의 가치가 다르다고 여겼는지 종을 가릴 것 없이 생명의 가치가 같다고 여겼는지는 알기 어려워요. 물론, 어느 정도 추측이 가능하기는 해요. '어느 풀이든 간에 뽑지 않아야 한다.'는 주장을 근거로 할 때, K씨는 생명의 가치에 차등을 두지 않는다고 볼 수 있습니다. 보다 더 적극적으로 말한다면, 모든 생명을 등가적으로 여겼다고 할 수 있겠지요.

참고사항 1

"너는 단지 너라는 이유만으로 특별하단다."

맥스 루케이도의 그림소설 〈너는 특별하단다〉에 등장하는 엘리 아저씨의 말이랍니다. 나무사람, 즉 웸믹이 모여 사는 이 마을에서는 외모가 나쁜 나무사람에게는 점표를 주고 외모가 좋은 나무사람에게는 별표를 준다고 합니다. 주인공 판치넬로는 점표를 온몸에 덕지덕지 붙이고 다닙니다. 그만큼 못생겼지요. 엘리 아저씨가 이처럼 말하자, 판치넬로는 어리둥절해 합니다. 그러자 엘리 아저씨가 아래와 같이 말합니다.

"내가 너를 만들었으니까."

좋은 말이군요. 엘리 아저씨는 조물주랍니다. 나무사람을 만들었기 때문이지요. 달리 말하면, '보편적 이치'라고나 할까요. 보편적 이치의 차원에서 보면 모두가 대등하지요. 점표를 받은 나무사람이나 별표를 받은 나무사람이나 간에 모두 나무사람이라는 점에서는 같거든요. 마당에 돋아나 있는 잡초도 이와 마찬가지지요. 예쁜 화초이거나 쓸모없는 잡초이거나 간에 모두 고귀한 생명을 지녔잖아요.

모든 생명체가 동등한 가치를 지닌다고 하는 경우가 적지 않지요. 로저 미첼이 감독한 〈노팅 힐〉의 주인공 '캐 자야'도 이와 많이 닮았답니다. '캐 자야'는 과일이나 채소에 인간과 유사한 감정이 있다고 믿고 요리를 잔인한 행동이라고 하거든요. 일본 미야자키 하야오 감독의 애니메이션 〈이웃집 토토르〉도 동일선상에서 거론해 봄직해요. '숲의 정령'이라는 고차원의 입장에서 볼 때는 모든 생명체가 동등한 가치를 지녔다고 하거든요.

◀ 길고 그윽한 길 ▶

K씨는 인물성동론人物性同論에 입각하고 있습니다. 인물성동론이란 성즉리설性卽理說에 기반을 두고 '인간의 성性=사물의 성性'이라고 주장이지요. 결국, K씨는 인물성동론자로서 '인간의 성性=사물의 성性'으로 여긴다고 보아도 좋아요. K씨의 주장에 의거하면, 풀을 그대로 두어야 합니다. 왜냐하면 인간이나 풀은 다 같이 본연지성을 지니고 있고, 그 본연지성은 상호 같다고 생각하기 때문이죠.

물론, 그대로 두면 마당에 풀이 무성해져서 보기 싫기야 하겠지요. 풀의 키가 들쑥날쑥하다 보면 주택 전체가 흉가처럼 느껴질 수도 있을 것 같아요. 그러나 어쩌겠어요? 보기 싫은 것은 인간의 시각에서 볼 때이고 풀의 시각에서는 아닐 수 있습니다. 인간의 시각에서 보기 싫다고 하여 풀을 뽑아내 버린다면 풀에게 일방적으로 위해危害를 가한다고 보아야 합니다. K씨의 생각이 이렇다면, 인간에게는 풀에게 위해를 가할 하등의 권리가 없다고 할 수 있습니다. 수평 관계에서는 일방적인 권리가 발생하지 않는 법이죠.

참고사항 2

 모두 뽑아야 한다고 하거나 특정 풀만 뽑아야 한다고 하는 주장은 인물성이론人物性異論에 입각한다고 할 수 있습니다. 인물성이론은 한원진韓元震이 주장했지요. 즉, 한원진은 주자의 "이理가 같다고 한다면 옳지만, 성性이 같다고 한다면 옳지 않다."고 하는 주장에 의거해서 인물성이론을 내세웠어요. '성性이 같다고 한다면 옳지 않다.'고 주장하는 근거는 성즉리를 '성즉리지재기性卽理之在氣'의 준말로 보기 때문이랍니다. '성즉리지재기'가 '성性은 분명히 이理이되 기氣와 떨어져서 생각할 수 없다.'는 뜻이므로, 본연지성이라고 하더라도 기氣에 내재될 수밖에 없다고 해야 하겠지요. 성性이 기氣에 내재되었다고 여긴다면, 기氣의 청淸·탁濁·수粹·박駁에 따라 인간의 성性과 풀의 성性이 다르다는 언급이 가능해진답니다. '인간의 성性≠사물의 성性'으로 여긴다고 할 수 있겠습니다. 결국, '인간의 성性≠사물의 성性'은 인간과 풀의 위상이 다르고 인간이 풀보다 우위에 선다는 의미가 되므로, 인간이 마음대로 풀을 처리하는 권리를 보유했다고도 할 수 있겠네요.

B. 관련 이론

◇ 이간李柬의 인물성동론人物性同論

 이간은 권상하權尙夏의 문인으로서, 호락논쟁湖洛論爭에서 낙론洛論인 인물성동론人物性同論을 주장한 대표적 인물이지요. 인물성동론이란 인간의 성性과 인간을 제외한 만물(특히, 금수 또는 동물)의 성이 같다고 하는 이론이랍니다.

◇ 이이李珥의 이통기국설理通氣局說

 이(理=그 속에 담긴 물)는 서로 같지만, 기(氣=모난 그릇과 둥근 그릇)는 서로 다르다고 합니다.

◇ 주희朱熹의 이동기이설理同氣異說

    개개 사물의 존재원리인 이理는 모두 같고 사물의 형체를 구성하는 기氣는 각각 다르다고 합니다.

◇ 홍대용洪大容의 인물균론人物均論

    사람과 금수 그리고 초목에 이르기까지 그 귀천의 등급은 같다고 합니다. 인간중심적 가치관을 배격하는 이론이지요.

◇ 화엄종華嚴宗의 이통사국설理通事局說

    '본질은 통하지만 현상은 국한된다.'는 의미. 이이의 이통기국설 형성에 영향을 끼쳤다고 알려져 있습니다.

C. 점검과 확장

1) 〈01번 길 : 잡초, 왜 뽑지 않아야 하나?〉는 생명 가치론에 대한 문제입니다. 즉, 인간과 풀이 지닌 생명 가치가 서로 같은가 다른가에 초점이 맞추어져 있습니다. 문제에 등장하는 K씨는 인간과 풀의 생명 가치가 같다고 보고 여타 사람들은 인간과 풀의 생명 가치를 다르게 보고 있군요. 성리학적 용어로 표현하면, K씨는 인물성동론에 입각해 있고 여타 사람들은 인물성이론에 입각해 있다고 할 수 있겠지요.

2) 인물성동론과 인물성이론은 인간과 풀의 본성에 관한 이론입니다. 인물성동론은 인간과 풀의 본성이 같다고 합니다. 성性을 기氣와 연관시키지 않을 때 인물성동론이 나올 수 있습니다. 한편, 인물성이론은 인간과 풀의 본성이 다르다고 합니다. 성性을 기氣와 연관시킬 때 인물성이론이 나올 수 있습니다. 기氣에는 청·탁·수·박이 있으므로, 성性이 기질氣質에 내재된다고 해 버리면 성性의 차등을 인정할 수밖에 없습니다. 다시 말해, 인물성이론이 불가피하게 되지요.

3) K씨는 생명존중론자이고 여타 사람들은 생명경시론자라고 할 수 있을까요? 절대로 아닙니다. K씨는 본성에 초점을 맞추었고 여타 사람들은 기질에 초점을 맞추었기 때문에, 서로 다른 이론이 제기된 것이에요. 만약, 관점을 뒤바꾼다면 K씨가 인물성이론을 주장하고 여타 사람들이 인물성동론을 주장할 수도 있을 거예요. 따라서 K씨는 훌륭하고 여타 사람들은 훌륭하지 못하다고 한다면, 그야말로 어불성설이 되겠지요.

D. 연습 문제

1) 밤에 길고양이가 많이 울고 있네요. 주변이 시끄럽네요. 길고양이를 멀리 쫓아내어야 하나요? 시끄러워도 참아야 하나요? 아니면 다른 곳으로 가도록 유도해야 하나요? 어느 한 쪽을 선택하고 그 이유를 밝혀 보세요.

2) 요즈음 친부모가 자식을 죽이거나 자식에게 상해를 가하는 사건이 빈발하고 있지요. 자기가 낳았다고 해서 자식을 마음대로 할 수 있다고 하면 잘못이지요. 친부모가 자식에게 위해를 가할 하등의 권리가 없답니다. 그 이유를 설명해 보세요.

3) 아래 제시문은 박지원의 『호질』 일부분이다. 제시문을 읽고, 인물성동론의 관점에서 북곽 선생과 범의 관계를 설명해 보세요.

> [북곽 선생이] 똥으로 가득 찬 구덩이에서 간신히 버둥거리며 기어올라 대가리를 내밀고 바라본즉 범 한 마리가 길을 가로막고 서 있었다. 범은 얼굴을 찡그리고 구역질이 나 코를 쥐고 고개를 외로 돌리면서 말했다.
>
> "푸우!"라고 하고는 "이놈의 선비, 에이, 구린 냄새야!"
>
> 북곽 선생은 머리를 조아리고 엉금엉금 기어 범 앞으로 나와 절을 세 번 하고는 꿇어 앉아 고개를 젖히고 말했다.
>
> "범님의 덕이야말로 정말로 지극하오이다. ……"
>
> 〈박지원, 『호질』〉

02번 길 : 아직도 본성을 지키는 자가 적지 않나이다.

◀ 문제확인 ▶

◈ "아직도 배가 12척이나 남았나이다."를 활용하면?

임진왜란 때, 이순신 장군은 선조임금에게 "아직도 배가 12척이나 남았나이다."라고 했어요. 아군이 거의 궤멸된 상태인데도 불구하고 이와 같이 말했지요. 이 말을 본성本性과 결부시킨다면 어떻게 될까요? 어떤 언급이 나올 수 있는지를 밝히고, 그 의미를 설명해 보세요.

A. 이정표

◀ 짧고 얕은 길 ▶

'배 12척'에 대한 논섬은 여럿이지요. '아직도 배가 12척이나 남았나이다.'라는 언급뿐만 아니라 '겨우 배가 12척만 남았나이다.'라는 언급과 '이제 배가 12척밖에 남지 않았나이다.'라는 언급과 '오로지 배가 12척뿐이옵니다.'라는 언급도 더 있지요. 이순신 장군의 언급 이외에는 모두 비관적입니다. 너무나 비관적이어서 왜적과 접전하면 바로 패배할 것 같습니다.

이순신 장군의 언급은 매우 낙관적입니다. 아직 배가 많이 남아 있고 사기도 충천한 듯하기 때문에 왜적을 바로 물리칠 것 같습니다. 어느 쪽이냐에 따라 아군에게 미치는 영향은 판이하지요. 이순신 장군의 언급은 사기를 진작시킬 것이고, 그 이외의 언급들은 사기를 떨어뜨릴 것입니다. 이순신 장군이 혹심한 상황에서도 낙관적 요소를 끌어올려 언급했으니, 무엇이든 낙관적으로 바라볼 필요를 느끼게 됩니다.

본성에 대한 논의 또한 당연히 그렇지요. 오늘날, 남을 위해 일신을 던지는 자가 드물지만, 뉴스를 보면 그런 자가 전혀 없지는 않아요. 이를 근거로 할 때 다음과 같은 언급을 할 수 있지요. "아직도 본성을 지키는 자가 적지 않나이다."

참고사항 1

'위기야! 고맙다.'

김성훈 감독의 재난영화 〈터널〉이 주는 교훈을 반어적으로 표현해본 말입니다. 자동차 영업대리점의 과장인 정수(하정우 분)가 대형계약 건을 앞두고 들뜬 기분으로 집으로 가다가 사고를 당했습니다. 갑자기 무너져 내린 터널 안에 홀로 갇히고 말았지요. 눈에 보이는 것은 거대한 콘크리트 잔해뿐. 정수가 가진 물건이라곤 78% 남은 배터리의 휴대폰과 생수

두 병, 그리고 딸의 생일 케이크가 전부입니다. 곧 바로 휴대폰으로 재난 사실을 외부로 알렸답니다. 이때까지만 해도 별 문제 없이 구조되리라 믿었지요. 기대는 물거품이 되고 말았습니다. 구조대가 우왕좌왕하면서 자중지란 속에 빠졌고, 아예 터널 안으로 들어오지도 못했습니다. 이런데도 불구하고, 정수는 전혀 낙담하지 않았습니다. 언제 구조될지 모를 상황에서도 시종일관 낙관적인 자세를 유지하지요. 구조대장(오달수 분)이 다음과 같이 말했지요.

"도롱뇽이 갇힌 게 아니라 사람이 갇혔다. 자꾸 까먹는 것 같다."

자기 자신의 업무 때문에 구조 작업에 나설 뿐이고, 생명을 구하려는 진정성은 전혀 없어 보입니다. 구조대장이되 구조대장답지가 않습니다.

그러자, 정수는 너스레를 떨며 응수합니다.

"나는 사람이에요."

구조체계는 엉망이고, 구조대장은 시늉만 내지만, 정수는 기적 같이 살아났습니다. 구조대나 구조체계가 정수를 살렸나요? 그렇지 않지요. '절망 속에서도 놓지 않는 희망'이 정수를 살렸다고나 할까요.

이와 같은 설정은 주인공이 외딴섬에 고립되었다고 하는 로버트 저메키스 감독의 영화 〈캐스트 어웨이〉에 등장하는 '척'이나 주인공이 화성에서 구조를 기다린다고 하는 리들리 스콧 감독의 〈마션〉의 '마크'와 같아요. '절망 속에서도 놓지 않는 희망'이 정우와 척과 마크를 연결하거든요. 어디! 그뿐인가요. 의외의 위기가 인간의 강인한 생명력을 확인할 수 있게 하므로, 오히려 위기가 고맙게 느껴질 정도랍니다. '아직도 배가 12척이나 남았나이다.'라고 하는 이순신 장군의 절규가 이와 비슷한 경우가 아닐까 여겨집니다.

◀ 길고 그윽한 길 ▶

"아직도 본성을 지키는 자가 적지 않나이다."라는 언급에서 유교적 풍취가 물씬 풍겨납니다. 인간존재를 낙관적으로 바라보기 때문이지요. 낙관적인 판단 근거는 인간의 본성을 고차원적이라고 여기는 데 있습니다. 인간존재가 개체의 본질인 성性뿐만 아니라 만물 전체의 본질인 천명까지도 지니고 태어났다고 하거든요. 이 정도로 인간존재를 규정한다면, 낙관적으로 전망할 수밖에 없겠지요.

낙관적 전망을 지속시키는 요인은 맹자孟子와 소강절邵康節의 언급에서 찾아볼 수 있습니다. 맹자는 "만물이 모두 인간에게 갖추어져 있다.(만물개비어아의萬物皆備於我矣·『맹자孟子』)"고 했고, 소강절은 "인간의 마음이 태극이 된다.(심위태극心爲太極·태극도설太極圖說)"고 했거든요. 그렇다고 인간존재를 신神처럼 규정할 수는 없겠지요. 그래서 이런 언급도 동시에 해요. '인간존재는 천天과 달리 기질지성을 부여받았기 때문에 불완전해질 때도 있지만, 수양을 통해 완전하게 될 가능성을 동시에 갖고 있다.'가 그것입니다. 인간존재의 한계를 지적하기는 해도, 비중은 어디까지나 그 의의 쪽에 놓여 있지요.

이렇게 볼 때, "아직 본성을 지키는 자가 적지 않나이다."라는 언급에는 '수양하기만 하면 모든 인간존재가 본성을 지키게 된다.'는 의미가 담겼다고 할 수 있습니다. 성性과 천명을 지녔고 인간 그 자체가 우주적 존재라는 전제가 사라지지 않는 한, 이와 같은 낙관적 전망은 지속되겠지요.

참고사항 2

인간이라면 누구나 우주적 존재가 될 수 있다고 하므로, 우주적 존재 되기가 무척이나 쉬워 보이네요. 과연 그럴까요? 그렇지 않아요. 우주적 존재가 되기까지 지속적으로 수양하기가 어렵답니다. 지속적 수양 조건이 몇 가지 있지요. 즉, 우주적 존재가 되려는 결심이 아주 굳어야 하고, 수양과 관련된 지식을 많이 터득해야 하고, 천인 관계에 대한 이해가 대단히 깊어야 하고, 사회공동체에 유의미한 영향을 끼치겠다는 의지가 매우 강해야 합니다. '아주', '많이', '대단히', '매우'라는 부사어가 동원될 정도로 수양 조건이 까다롭네요.

수양 조건을 충족시키기 위해서는 번잡한 곳에서 벗어나야 하겠지요. 퇴계 이황이 수십 차례나 사직소를 올렸다는 사실을 상기해 보세요. 누구나 퇴계처럼 살기는 어렵지요. 이 세계에는 비퇴계가 수두룩하답니다. 세 가지 부류를 들어볼게요. 그 자신이 우주적 존재의 씨앗을 갖춘 줄도 모르고 살아가는 부류, 우주적 존재의 씨앗을 갖춘 줄은 알아도 수양하기가 어려워서 손사래를 치는 부류, 조금 수양해보다가 그만 물러나 버리는 부류가 그것입니다. 과연 여러분은 어느 부류에 속하나요?

B. 관련 이론

◇ 맹자의 존심양성론存心養性論

'본심인 사단四端을 보존하여 천부적으로 부여받은 본성인 인의예지를 회복해야 한다.'는 의미. 맹자가 제시한 도덕 수양의 명제로서, 인간이 가진 본심을 보존하고 선한 성을 기르면 궁극적으로 도덕적 완성자인 군자가 된다고 합니다.

◇ 주자의 거경궁리론居敬窮理論

주자가 집대성한 학문수양 방법론. 인식론적 차원의 궁리와 실천론적 차원의 거경을 합친 개념. 송대의 정호와 정이가 경敬을 철학적으로 다루었고, 주자는 여기에다 '궁리'를 덧붙여서 사용했지요.

◇ 퇴계 이황의 무아지공론無我之公論

『퇴계전서』권7, 〈경연강의經筵講義〉에 나온다. 현실세계의 인성이 선험적 규범인 천리와 합치될 때의 상태, 즉 성즉리의 경지가 바로 '무아지공'이랍니다.

◇ 『중용中庸』의 계구신독론戒懼愼獨論

유가의 수양 방법. '늘 경계하고 두려워하며 홀로 있을 때에도 사리에 어긋남이 없도록 언동을 삼간다.'는 의미.

C. 점검과 확장

1) 〈02번 길 : "아직도 배가 12척이나 남았나이다."를 활용하면?〉은 '우주적 존재 되기'의 낙관적 전망에 대한 문제입니다. 인간존재의 품격이 고차원적이고 하늘과 상응한다고 보기 때문에 모든 인간존재가 우주적 존재가 된다는 낙관적 전망에 도달합니다. 그렇다면, 우주적 존재가 되기가 쉽다고 했던가요? 그렇지는 않아요. 지속적 수양 조건을 충족시키기만 하면 모두 우주적 존재가 된다고 했지만, 지속적 수양 조건을 충족시키기가 굉장히 어렵습니다. 어렵다고는 하나, 낙관적 전망 그 자체로 의미가 크다고 봅니다. 유한한 인간존재가 우주적 존재로 격상된다고 했으니까 말이지요.

2) 맹자와 소강절의 언급을 음미해보면 왜 인간이 우주적 존재인지를 알 수 있습니다. 맹자는 이치의 근원이 모두 마음속에 갖추어져 있다고 여겨 "만물이 모두 인간에게 갖추어져 있다."라고 했고, 소강절은 마음이 본체로서 무궁하다고 여겨 "인간의 마음이 태극이 된다."라고 했습니다. 인간의 마음이 이치의 근원이고 본체라고 했으니, 인간의 마음이 곧 우주이고 우주가 곧 인간의 마음이라고 할 수 있습니다. 이런 인간의 마음이라면 안과 밖이 없고 이쪽과 저쪽의 구별이 없고 형체의 나누어짐이 없는 지고지순한 경지라고 할 만하지요. 인간은 바로 이와 같은 마음을 가졌으니, 가히 우주적 존재라고 불러도 전혀 손색이 없습니다.

3) 적지 않은 사람들이 자기 자신은 아무 것도 갖추지 못했다고 탄식하며 절망하고 좌절하곤 하지요. 왜 이런 양상을 보일까요? 성리학에 의거하면 자기가 우주적 존재라는 점을 모르기 때문이 아닐까 합니다. 자기 자신이 우주적 존재라고 자각한다면 자긍심을 지녀야 옳지요. 서양에서는 우주만물의 주체이면서도 그 자신을 우주만물의 객체로 여기는 현상을 '자기 자신으로부터의 소외'라고 합니다. 문제의 해법은 간단합니다. 소외 상태를 벗어나서 갖춘 바를 갖추었다고 깨닫는 데서 출발점을 삼아야 하겠습니다.

D. 연습 문제

1) 연예인 중의 몇몇은 번 돈을 기부하느라고 정작 자기 집을 장만하지도 못한 상태라고 합니다. 그런 연예인 한 명 이상을 예로 들고, '본성', '기질', '수양', '태극'이라는 용어를 반드시 사용해서 기부하는 원인이 무엇인지를 설명해 보세요.

2) 현대인은 '힐링'이라는 말을 즐겨 사용합니다. 아픈 자야 당연히 힐링이라고 외치겠지만, 의외로 아프지 않은 자까지 힐링이라고 외치고 있습니다. "힐링!", "힐링!"이라고 하면서 몇 차례 외쳐대다 보면, 마치 자기가 과거부터 아팠던 것처럼 느끼게 됩니다. 아프지 않은 자로 하여금 아프다고 여기도록 추동하는 주체는 다름 아닌 힐링 문화산업의 마케팅 전략가들입니다. 마케팅 전략가들이 성공을 거두는 사이, 현대인은 빠른 속도로 정신적 약골이 되어 가고 있습니다. 정신적 약골이 되지 않기 위해서는 어떻게 해야 할까요?

Ⅲ. 옛 스승의 길 가리켜주기 47

03번 길 : 심신 수양의 독서생활

◀ 문제확인 ▶

◈ 전통시대 성리학자들의 독서 목적은?

흔히들 현대인 대부분은 실용적 목적을 위해 독서한다고 해요. 타인으로부터 인정받거나 취업시험을 잘 치르기 위해 독서한다고 하여 이렇게 진단한답니다. 이 진단에 의하면, 현대인의 독서 경향은 전통시대 성리학자들의 경우와는 많이 다릅니다. 전통시대 성리학자들의 독서 목적은 과연 무엇이었을까요?

A. 이정표

◀ 짧고 얕은 길 ▶

전통시대에도 실용적 목적을 위한 독서, 즉 실용적 독서가 있었답니다. 과거시험에 합격하기 위해서 혹은 지식을 뽐내기 위해서 책을 읽는다면 모두 실용적 독서라고 할 수 있겠지요. 실용적 독서가 나쁘다고 할 수는 없답니다. 전통시대에서는 지식을 갖추어야 출세할 수 있었으므로, 실용적 독서가 반드시 필요했지요.

실용적 독서만 있었느냐 하면, 그렇지 않습니다. 실용적 독서 이외에 엄연히 수양적 독서가 있었지요. 수양적 독서란 성현이 설파한 진리를 체득하고 그대로 실천하기 위해 성현의 어록인 경전을 숙독하고 음미하는 행위를 가리킵니다. 전통시대에는 이와 같이 실용적 독서뿐만 아니라 수양적 독서도 있었답니다. 실용적 독서와 수양적 독서 간에도 경중輕重이 있답니다. 당연히 수양적 독서 쪽이 더 무겁지요.

오늘날에는 문제가 많답니다. 전통시대에는 더 무겁게 평가되었던 수양적 독서가 오늘날에는 아주 가볍다고 여기곤 해요. 즉, 수양적 독서가 유명무실해지고 말았지요. 이 점에서 현대의 독서 경향과 전통시대의 독서 경향이 판이하다고 할 수 있답니다.

참고사항 1

"나를 잃지 않기 위해!"
"우리 스스로를 보호하기 위해!"
"우리 사고방식을 무뎌지게 만드는 것에 대해 저항하기 위해!"

토니 케이 감독의 영화 〈디태치먼트〉에서 교사 헨리가 학생들에게 한 말입니다. "왜 책을 읽어야 하는가?"라는 질문을 학생들에게 던지고는, 스스로 이렇게 답변했답니다. 헨리는 학생들을 변화시켜야 할 절박한 상황에 놓여 있었습니다. 학교가 엉망이었기 때문이지요. 진학률은 바닥권이었고, 학생들은 스스로를 망치지 못해 안달이 나 있었고, 학부모들은 자녀 교육에 전연 관심이 없었답니다. 헨리로서는 위기를 타개하기 위해 무엇인가를 해야 했지요. 학생들에게 독서를 통해 정체성을 지니도록 해야 하겠다고 다짐하고, 책을 읽어야 할 이유를 다각도로 설명했습니다.

의도가 성공했을까요? 천만에요. 메레디스와 에리카라는 두 여학생을 보면 알 수 있지요. 두 여학생은 헨리를 따르고 존경했지만, 헨리의 기대에는 미치지 못했답니다. 메레디스는 자살하고, 에리카는 청소년 보호시설로 보내지고, 학교는 곧 문을 닫을 위기에 놓이지요. 그야말로 되는 것이 없습니다. 실패의 연속! 이 와중에서 헨리는 다음과 같이 되뇌입니다.

"문제의 원인이 무엇인가를 알게 되었다."

그런데, 영화에서는 문제의 원인이 무엇인지를 밝히지 않았어요. 그 답은 오롯이 시청자들의 몫이 되겠지요. 한 가지 사실만은 분명하게 드러납니다. 독서를 통해 정체성을 확보하기가 쉽지 않다는 점이 그것이지요. 정체성을 지니기 위해 독서한다면 좋은 책을 골라 읽어야 하고, 그 책의 내용을 몸과 마음으로 익혀야 하겠지요. 아마도 이 점이 실패한 것 같아요.

◀ 길고 그윽한 길 ▶

전통시대의 독서라고 하면 으레 '경전 읽기'를 의미하지요. 경전에 무엇이 담겨 있을까요? 원시유학시대에서는 경전을 심성론의 차원에서 접근하지만 신유학시대에서는 경전을 우주론의 차원에서 접근해요. 독서는 신유학시대에 특히 강조되었으므로, 경전을 왜 우주론의 차원으로 접근하는지를 살필 필요가 있겠네요. 신유학시대에는 경전에 성현의 인관仁觀과 이관理觀과 심관心觀이 담겼다고 봅니다. 인관이라고 하면 '여천지만물위일체與天地萬物爲一體'와 '천지생물지심天地生物之心' 등에서 잘 나타나고, 이관이라고 하며 '소당연所當然과 소이연所以然' 그리고 '이일분수理一分殊' 등에서 잘 나타나고, 심관이라고 하면 '심여리일心與理一'과 '미발이발未發已發'과 '통관동정通貫動靜' 등에서 잘 나타납니다.

독서인의 사명이 무엇일까요? 경전에 담긴 성현의 인관, 이관, 심관을 숙독하고 음미하고 실천해야 하겠지요. 이런 사명을 감당할 때, 독서인은 실로 대단한 경지에 오릅니다.『중용中庸』의 표현을 빌리면, 독서인은 천지의 공능功能과 우주의 화육사업化育事業에 참여하는 우주적 존재가 된답니다. 과거 성리학자들은 수양적 독서를 통해 우주적 존재로 발돋움하고자 했지만, 오늘날의 독자들은 수양적 독서를 거의 하지 않기 때문에 우주적 존재로 발돋움할래야 할 수가 없습니다.

참고사항 2

오늘날 수양적 독서가 행해지지 않는다고 해서 수양적 독서가 생명을 잃었다고 볼 수 있을까요? 그렇지가 않습니다. 수양적 독서는 독서인에게 '있어야 할 것'으로 나아가게 하고 현대인 또한 수양적 독서의 가치를 인정하고 있으므로, 여전히 생명을 지녔다고 해야 하겠지요. 수양적 독서에 입각하면, 독서인은 참으로 위대합니다. 우주의 선의지善意志를 읽어내고 우주론적 과업에 동참하는 주역이기 때문입니다.

독서인의 삶은 짧고 우주론적인 과업은 끝이 없다는 점을 들어, 독서인의 위대성을 의심해서는 안 됩니다. 각 시대의 독서인이 분담하거나 연계하거나 해서 우주론적인 과업을 완성해 나아가기 때문에, 어느 시대의 독서인이든 간에 위대하지 않다고 말할 수 없습니다. 성리학자들이라면 으레 독서인의 위대성을 강조하고 있으니, 현대인 모두가 독서인의 위치에서 그런 교훈을 기꺼이 받아들여야 합니다. 교훈을 받아들이는 자만이 우주론적인 과업에 동참할 자격을 얻을 수 있답니다.

B. 관련 이론

◇ 정호程顥의 귀친자지론貴親炙之論

'직접 읽고 느끼기를 귀하게 여긴다.'는 의미. 배워서 아는 것도 중요하지만, 스스로 깨쳐서 아는 것이 훨씬 좋다는 취지에서 한 말입니다. 배워서 아는 것은 남의 지식을 흉내내기에 불과하고, 스스로 깨쳐서 얻은 지식은 주체적일 뿐만 아니라 마르지 않고 솟구치는 샘물과 같다고 여겨서 이렇게 언급했습니다.

◇ 정이程頤의 독서강명의리론讀書講明義理論

'책을 읽어서 의리를 연구하고 밝힌다.'는 의미. '의리'란 의미 내지 개념 그리고 마땅히 지켜야 올바른 도리를 가리킵니다.

◇ 장재張載의 이의역지론以意逆志論

의意는 '나의 뜻'이고 지志는 글쓴이의 뜻으로서, 읽는 주체가 글쓴이의 뜻을 마중하는 방법을 가리킵니다. 나와 글쓴이 사이의 간극을 없애고 소통할 때 글쓴이는 비로소 나의 안으로 들어온다는 취지를 담고 있군요.

◇ 주자朱子의 득숙회활론得熟會活論

'글이 익숙해진 뒤에야 이해된 도리가 살아서 움직이게 된다.'는 의미. 인욕에 얽매이지 않고 숙독정사熟讀精思해야 성현의 의취를 이해하게 된다는 취지입니다.

◇ 퇴계 이황의 강구소의론講究所疑論

직역하면 '의문점을 강구한다.'는 의미이지만, 문집의 취지에 비추어보면 '여러 사람들이 모여 의문점에 대해 궁리하여 풀어낸다.'는 의미로 해석해야 옳습니다. 시쳇말로 '스터디 그룹에서 읽고 토론하기'가 됩니다.

C. 점검과 확장

1) 〈03번 길 : 전통시대 성리학자들의 독서 목적은?〉은 수양적 독서에 대한 문제입니다. 경전을 통해 천지의 공능과 우주의 화육사업에 참여하는 방안을 모색할 때 수양적 독서라고 하지요. 오늘날은

실용적 독서가 판을 치고 있습니다. 즉, 지식을 뽐내거나 시험에 합격하기 위해 책을 읽지요. 수양적 독서가 무엇이며, 어떻게 해야 수양적 독서가 가능할까요? 이 문제는 바로 여기에 초점이 맞추어져 있어요.

2) 수양적 독서를 하고자 할 때, 어떻게 해야 할 것인지가 관건입니다. 주자와 퇴계가 이에 대한 방책을 내놓은 바 있지요. 바로 활간活看이 그것입니다. 활간이란 '전후 맥락에 의거해서 글의 뜻을 융통성 있게 파악하는 방법'을 가리킵니다. 활간이 되기 위해서는 발화자의 의도나 가치관 등을 폭넓게 헤아려서 특정 자구의 의미를 정확하게 판단해야 합니다. 주자의 『주자어류朱子語類』〈독서법〉에는 활간에 의한 독서방법 즉 활간독서법이 잘 나타나 있어요. 주자가 이정자二程子 및 장자張子의 독서법을 수용하여 활간을 체계화했으니, 활간독서법의 원조가 주자라 해도 과언이 아닙니다. 퇴계는 주자의 활간독서법을 창의적으로 계승했답니다. 이발理發, 이동理動, 이도理到의 논설을 통해 이理의 능동성을 강조했기 때문에 이렇게 볼 수 있지요.

3) 혹자는 21세기를 일컬어 수양적 독서가 사라진 시대라고 개탄합니다. 개탄은 누구나 할 수 있습니다. 개탄만 하지 말고, 시급하게 방안을 모색해야 하겠지요. 전통 독서법을 통해 방안을 마련해볼 수 있습니다. 성리학자들의 독서법에는 수양적 독서의 방법과 목적이 잘 나타난답니다. 단적으로 말해, 수양적 독서의 방법은 '활간'이고 수양적 독서의 목적은 '천인합일天人合一' 내지 '자아自我의 우주화宇宙化와 우주宇宙의 자아화自我化'라고 할 수 있겠지요. 이와 같은 방법과 목적을 계승하기만 한다면 수양적 독서의 시대가 새롭게 열릴 수 있습니다.

D. 연습 문제

1) 오늘날, 진정한 독서가 행해지지 않는다고 개탄하는 소리가 여기저기서 들려옵니다. 어떤 의미로 한 말인지 설명해 보세요.

2) 전통시대의 수양적 독서란 곧 '경전 읽기'입니다. 오늘날에도 '경전 읽기'가 여전히 유효할까요? 다시 말해, 수양적 독서를 하기 위해 반드시 경전을 읽어야 할까요? 이에 대한 견해를 말씀해 보세요.

04번 길 : 평범한 존재를 위대한 존재로

◀ 문제확인 ▶

◈ 효孝, 어떤 기능을 하는가?

어느 교육진단포럼에서 교육 전문가인 K씨가 다음과 같이 말했습니다. "효孝 교육이 제대로 되지 않아 모든 것이 뒤틀렸어."라고. K씨의 말을 뒤집어보면, 효 교육이 잘 될 경우 모든 것이 밝아지고 순조롭다는 의미를 지닙니다. K씨는 과연 효의 기능을 어떻게 생각하고 있을까요? K씨의 생각을 인성론적 차원에서 추론해 보세요.

A. 이정표

◀ 짧고 얕은 길 ▶

효孝란 '자식이 부모를 섬기는 행위'를 가리킵니다. 동물도 부모를 섬기는 수가 있기는 하나, 그 섬기는 행위가 일시적입니다. 인간은 동물과 달리, 효를 지속적으로 행할 수 있습니다.

물론, 효행이 지속적이기 위해서는 교육이 필요하지요. 옛 스승들이 '부모에 대한 자식의 도덕적 의무'를 효라고 규정하고 효를 통해 충忠으로 나아가야 한다고 역설하는 까닭은 이런 필요성에 부응하기 위함입니다. 유교이념의 구현방식에 의거하면, '효→충'의 전개 과정은 점진적이에요. 즉, 가정에서 효가 행해져야 이웃으로 퍼져갈 수 있고, 이웃에서 행해져야 향당鄕黨으로 퍼져갈 수 있고, 향당에서 행해져야 국가로 퍼져갈 수 있습니다.

효의 전개 과정에서 출신성분은 고려 대상이 아닙니다. 즉, 신분이 낮더라도 효성만 지극하면 국가에까지 영향을 미치는 위대한 존재가 된다는 입론이 가능해집니다. 효를 만능으로 보는 교육 전문가인 K씨 또한 이런 관점이 아닐까 합니다. 효 교육이 잘 되면 모든 것이 밝아지고 순조롭다고 한 언급이 그 증거이지요. K씨의 논리를 밀고 나아갈 경우, 다음과 같은 언급이 가능해집니다. "인간은 나약하다. 그러나 효자는 위대하다."

참고사항 1

'효행은 만능이다.'

고전소설 〈심청전〉의 주제라고 할 수 있겠지요. 심청은 하늘이 낸 효녀, 즉 출천지효出天之孝입니다. 부친의 눈을 뜨게 하기 위해 공양미 삼백석에 희생犧牲이 되기로 작정했으니까 말이지요. 효를 극진하게 발휘하니, 불가능한 일이 가능한 일로 바뀌게 됩니다. 인당수에 몸을 던지자 용궁으로 들어가고, 용궁에 들어가자 귀빈으로 환대받습니다. 연꽃에 담겨 지상에 나와서는 왕비가 되었고, 맹인잔치를 열어서는 부친의 눈을 뜨게 했지요. 불가능한 일이 가능한 일로 바뀌는 까닭이 효행 때문이므로, 효행이야말로 만능열쇠라고 할 수 있습니다.

효행이 만능열쇠가 되는 사례는 〈심청전〉 이외에도 많이 있어요.

개인 문집에 실린 효자전孝子傳, 『삼강행실도三綱行實圖』〈효자편孝子篇〉에 실린 효행설화, 전국적으로 간행된 사찬읍지私撰邑誌 효행설화, 각 지역에서 구전되는 효행설화, 〈이해룡전〉, 〈진대방전〉, 〈이계룡전〉 등의 고전소설이 그것이다.

효자를 주인공으로 하는 이야기를 효행서사孝行敍事라고 할 때, 이 효행서사에는 하나같이 효행이 만능열쇠가 되고 있습니다. 예컨대, 구전설화와 여러 효행소설에서는 으레 효성이 불가사의한 일을 일으킨다고 해요. 엄동설한에 잉어가 얼음을 깨고 튀어 오르기도 하고, 딸기가 갑자기 양지쪽에서 영글기도 하고, 새들이 난데없이 부엌으로 날아들기도 한답니다. 그야말로 효행이 만능열쇠입니다. 지극한 효성이 천지신명을 감동시키면 전부 이렇게 된다고 하네요.

◀ 길고 그윽한 길 ▶

효孝 개념의 역사는 유구합니다. 은대殷代에 효 개념이 정립되었고, 춘추전국시대에서는 효 개념이 심화 단계에 이르렀지요. 심화 단계의 주역은 공자와 맹자랍니다. 공자는 효에 대해 "인을 실천하는 근본(위인지본爲仁之本·『논어論語』학이學而)"이라고 규정했고, 맹자는 순종順從, 양구체養口體·양지養志, 충언忠言·간언諫言과 같은 효행방법을 구체적으로 제시했지요.

공자와 맹자의 효 개념은 송대 유가에 의해 한층 발전합니다. 인성론의 핵심 개념으로 자리 잡았을 뿐만 아니라 존재론 및 우주론과도 깊은 연관을 맺거든요. 그 단적인 사례로는 정이程頤의 효론孝論을 들 수 있습니다. 정이는 "성명性命과 효제孝悌는 일통이라(성명효제지시일통저사性命孝悌只是一統底事·『근사록近思錄』가도家道)"고 했습니다. 천상적인 '성명'이 지상적인 '효제'와 상통해서 하나가 된다고 했으니, 지상적인 효제를 실천하면 천상적인 성명을 확충한다는 의미로 해석할 수 있겠지요. 바꾸어 말해, 효가 지상적 존재를 천상적 존재로 격상시키는 수단 구실을 하지요.

〈문제4〉의 교육 전문가가 이런 입각점을 지녔다고 보아요. 효 교육이 잘 되면 모든 것이 밝아지고 순조롭다고 한 취지의 발언이 그 근거입니다. 교육 전문가의 이른바 '효 지상주의'에 의거하면 인간존재에 대한 낙관적 전망이 가능해집니다. 그 낙관적 전망을 단적으로 표현하면 다음과 같습니다. '효를 행하라! 그러면, 누구나 우주적 존재가 될 것이다.'

참고사항 2

효행 주체가 주인공으로 등장하는 설화, 소설, 전傳 등을 효행서사라고 부릅니다. 효행서사에는 하층인이 적지 않게 등장합니다. 하층인이 효행서사에 등장하는 현상이 범상치 않거니와 그 목소리가 효이념을 반영하는 경우가 있기 때문에 더욱 범상치 않습니다. 하층인의 목소리가 표출된 동인은 하층인을 효행 주체로 인정하는 사회 현상에서 기인합니다. 그 사회 현상이란 다름 아닌 정표정책旌表政策이지요. 조선왕조에서는 효치孝治의 기치 아래 효에 절대적 가치를 부여하고 효자를 발굴하고 포상했답니다.

'효의 절대적 가치'에 대한 인식을 절대효 이념이라고 할 때, 절대효 이념에 입각하면 반상班常을 구별하지 않게 됩니다. 신분보다 효의 위상을 더 높게 설정할 수밖에 없기 때문이지요. 전국에서 정표정책이 시행되자 놀라운 변화가 일어납니다. 종래에는 거의 드러나지 않았던 하층인의 목소리가 새롭게 주목받고 기록물에 담기기 시작했다는 점이 그것입니다. 비록 하층인의 목소리가 '이념'이라는 틀 속에 갇히기는 했지만, 하층인의 목소리가 노출된다는 사실 그 자체만으로도 파천황破天荒이라고 하지 않을 수 없습니다. 하층인은 절대효 이념의 옷을 입고 드디어 하나의 인간이 되었습니다.

B. 관련 이론

◇ 『효경孝經』의 효치론孝治論

『효경』 제8장의 명칭이 '효치'입니다. 이념으로서의 효치는 한 무제가 제기한 통치전략이랍니다. '훈육'으로써 '효'를 만들고 '효'로써 '충'을 만들기 위해, 이런 전략을 구사한다고 할 수 있습니다.

◇ 유가의 이효상효론以孝傷孝論

'효로써 효를 상하게 한다.'는 의미. 효성이 지극한 나머지 부모의 죽음을 몹시 슬퍼하고 사모하기를 지나치게 하여 병이 나거나 죽는 현상을 가리킵니다. 유가에서는 "사람의 신체와 터럭과 살갗은 부모에게서 받은 것이니, 이것을 손상시키지 않는 것이 효의 시작이라.(신체발부수지부모身體髮膚受之父母 불감훼상효지시야不敢毀傷孝之始也·『효경孝經』개종명의開宗明義)"고 하는 공자의 언급을 근거로 삼아 '이효상효'를 부정적으로 보았답니다.

◇ 신유학시대의 '윤리적 차원의 유쾌한 속임수'론

효행서사의 전통적인 창작방법 중의 하나. 작자가 속이는 줄 알면서도 혼쾌하게 속임수의 세계로 진입하고자 하는 독자의 행위를 가리킵니다. 작자와 독자는 공모관계입니다. 독자가 일부러 속아주기 때문이지요. 윤리적 채무의식이 작용하기만 하면 '윤리적 차원의 유쾌한 속임수'가 어느 누구에게나 나타날 수 있고, 어느 시대에서나 통용될 수 있습니다.

C. 점검과 확장

1) 〈04번 길 : 효孝, 어떤 기능을 하는가?〉는 효의 기능에 관한 문제입니다. 교육 전문가는 신유학시대의 효의식과 유사한 효의식을 가졌군요. 주지하다시피 원시유학시대와 신유학시대의 효의식이 다릅니다. 원시유학시대에서는 효성이 지극하면 하늘이 감동한다고 하지만, 신유학시대에서는 성즉리설에 의해 효자는 곧 우주적

존재가 됩니다. 두 시대의 효의식이 이처럼 다르므로, 교육 전문가의 의도를 어떤 시대 의식과 대응시키느냐에 따라 효의 기능을 달리 파악하게 됩니다.

2) 효행이 '평범한 존재를 위대한 존재로' 격상시킨다고 할 때, 하층인도 그 범주에 속하느냐 하는 문제가 생깁니다. 원칙적으로는 속하게 됩니다. 정표정책에 의하면, 효 이념은 반상班常을 구별하지 않거든요. 문제는 하층인이 이른바 절대효를 부르짖으면서 그 절대효에 자기네 계층의 욕망까지 담는다는 데 있지요. 자기네 계층의 욕망이란 다름 아닌 '상층인 지향의식'이지요. 효행서사에서는 더 심한 현상도 나타나고 있지요. 사찬읍지私撰邑誌인 『진양지晉陽誌』〈효행조〉의 경우, 하층인 중에서도 천민에 속하는 자가 절대효를 외치며 그 절대효에 상층인과 같아지려는 욕망을 아주 강하게 담아내거든요. 상층인이 이런 현상을 바랐을 리 없지요. 정표정책이 하층인의 욕망을 부추기는 기폭제 역할을 했다고 할 수 있겠네요.

3) 2017년 6월 22일, 몇몇 국회의원들이 〈인성교육진흥법 일부 개정법률안〉을 발의했습니다. 이 법안에는 전통시대의 풍취가 강한 몇몇 용어를 현대인의 기호에 맞게 수정하는 한편, 8대 덕목 중 두 번째 덕목에 해당되는 '효'를 삭제하자는 내용이 담겼어요. '효'가 '충효'를 연상시키고 과거 회귀적이기 때문이라는군요. 정말 터무니없는 발상이 아닐 수 없습니다. 문제가 있다면 삭제해야 하겠지만, 문제가 없는데도 불구하고 문제가 있다고 여긴다면 아주 큰 잘못입니다. '효'는 분명히 가치 있는 덕목입니다. 현대인에게 인간의 냄새를 물씬 풍기게 하는 귀중한 이념이니까요.

D. 연습 문제

1) 오늘날에는 효가 잘 행해지지 않고 있지요. 과거에 비추어볼 때, 현대인은 중요한 존재가치를 상실했다고 할 수 있습니다. 신유학 시대의 효론에 의거해서 현대인이 어떤 존재가치를 상실했는지 설명해 보세요.

2) 『진양지』〈효행조〉에는 고음동高音同이라는 내노內奴가 등장합니다. 내노 고음동은 그 모친이 중병이 들자 식음을 전폐하면서까지 극진히 간호했어요. 이웃집 사람이 고음동을 딱하게 여겨서 음식을 가져오자 의외로 고음동은 완강하게 거절합니다. 고음동의 목소리가 정표정책과 연관 있다고 가정하고, 고음동의 목소리에 담긴 하층인의 욕망을 추출해 보세요.

> 저는 일절 바깥에 나갈 수 없습니다. 내 형이 이미 죽고 설상가상으로 어머니의 병이 무겁습니다. 출타한 사이에 만일 불행한 일이 있게 된다면 종신토록 한이 될 것입니다.
>
> 〈『진양지』효행조〉

05번 길 : 더 큰 이익을 위해 도덕을 택하라!

◀ 문제확인 ▶

◈ 도덕과 이익, 어느 쪽을 택할까?

소매치기해서 얻은 돈과 특허를 도용해서 번 돈은 이익에는 부합하되 도덕에는 부합하지 않습니다. 국가의 토지수용령에 부응해서 시세보다 적게 받은 돈은 이익에는 부합하지 않되 도덕에는 부합합니다. 이 두 사례는 공통점을 지닙니다. 도덕을 택하면 이익이 훼손되고 이익을 택하면 도덕이 훼손된다는 점이 그것입니다. 다시 말해, 도덕과 이익이 충돌한다고 할 수 있겠지요. 만약, 도덕과 이익이 충돌한다면, 어느 쪽을 택해야 좋을까요?

A. 이정표

◀ 짧고 얕은 길 ▶

　도덕교과서에서는 선행善行하라고만 하고, 선행하면 무엇이 이로운지는 말하지 않습니다. 도덕적 행위 그 자체로서 만족하라는 취지이겠지요. 세상 형편은 도덕교과서의 내용과는 다르지요. 어떤 행위가 얼마나 도덕적인가를 생각하기보다는 얼마나 이익이 되는가를 먼저 생각하거든요. 도덕교과서의 취지와 오늘날의 세상 형편을 연결시켜 보면, 도덕과 이익의 관계는 세 가지 양상으로 나타나겠네요. 이익이 되든 되지 않든 간에 옳기 때문에 도덕적 행위를 하는 경우, 옳으면서 이익도 되기 때문에 도덕적 행위를 하는 경우, 옳지는 않되 이익이 되기 때문에 도덕적 행위를 하는 경우가 그것입니다.

　세 가지를 좀 더 구체적으로 살펴볼까요? 첫 번째일 때는 도덕적 행위 그 자체가 목적일 터이고, 두 번째일 때는 이익이 도덕적 행위에 가려질 터이고, 세 번째일 때는 머지않아 도덕적 행위가 가식이라고 밝혀질 터입니다. 도덕과 이익이 어느 경우에 충돌할까요? 첫 번째일 때는 충돌하지 않고, 두 번째와 세 번째일 때는 충돌하겠지요. 도덕의 측면에서는 플러스 요인을 계산하지 않으려 하고 이익의 측면에서는 플러스 요인을 계산하려고 하니, 불가피하게 충돌이 발생하겠지요.

　도덕과 이익이 충돌한다면 어떻게 해야 할까요? 두 번째와 세 번째에 머물러 있어서는 절대로 해결되지 않습니다. 해법은 첫 번째로 옮겨가는 길 이외에는 없습니다. 즉, 가치관을 바꾸어야 한다는 뜻이지요.

참고사항 1

'도덕은 쓰고, 이익은 달다. 도덕을 무시하고 이익에만 매달릴 수 없으니, 어떻게 해야 할까?'

인간이라면 누구나 겪는 심리적 갈등이겠지요. 지금까지 나온 여러 작품들은 한결같이 '도덕을 저버리고 이익을 선택하면 패가망신한다.'는 주제가 대부분이지요. 1990년대를 풍미했던 민영문 감독의 TV만화영화 〈검정고무신〉은 바로 그런 내용을 대표적으로 담고 있습니다. 이 만화영화에서는 개도둑의 허무한 일상을 소개하고 있습니다. 개도둑은 동네 강아지를 훔쳐서 트럭에 실은 다음, 다른 지역에 가서 헐값으로 팔아버리지요. 쉽게 벌었으니, 쉽게 쓰겠지요. 흥청망청 술판을 벌이다가 돈을 몽땅 날려버리고, 결국 유치장 신세를 지고 말았답니다.

오충환·박수진 연출의 TV 드라마 〈당신이 잠든 사이에〉에도 그런 내용을 다루었답니다. 전직 검사 이유범(이상엽 분)은 이른바 '잘 나가는 변호사'입니다. 그런데, 알고보면 쓰레기이지요. 도덕은 내팽개치고 이익만을 쫓는 희대의 사기꾼이거든요. 화려한 언변과 증거 조작으로 승소율을 높였고, 그 결과 엄청난 돈을 벌게 됩니다. 이 영광은 그리 오래 가지 못합니다. 거짓말이 더 큰 거짓말을 낳고 이익이 더 큰 이익을 쫓아가는 사이, 이유범은 그 스스로도 통제하지 못하는 인간으로 변했습니다. '인간의 탈을 쓴 살인마'가 되고 말았거든요. 살인마에게는 쇠고랑 이외에 더 무엇이 있겠습니까? 이유범은 쇠고랑을 차면서 후회했습니다. 다음의 언급은 아주 뼈저린 탄식이 아닐 수 없습니다.

"이렇게 살고 싶지는 않았다!"

때는 이미 늦었습니다. 쇠고랑을 모면할 길이란 전혀 없거든요. 도덕을 저버리고 이익을 선택한 결과는 이처럼 참혹하답니다.

◀ 길고 그윽한 길 ▶

예로부터 이익을 소홀히 한 자는 없었답니다. 옛 스승들이 이익을 소홀히 했다고 할지 모르지만, 사실은 옛 스승들은 이익을 소홀히 하지 않았어요. 인의仁義를 부르짖었던 맹자조차 이익을 무시하지 않았지요.

맹자의 논점을 구체적으로 확인해 보겠습니다. 양혜왕이 맹자에게 우리나라를 이롭게 할 만한 계책이 없느냐고 하자, 맹자가 이렇게 반문했답니다. "왕께서는 하필이면 왜 이익에 대해 말씀하십니까? 오직 인의만 있을 뿐입니다.(왕하필왈리王何必曰利 역유인의이이의亦有仁義而已矣·『맹자孟子』양혜왕편梁惠王篇)"라고. 얼핏 보면 인의만 강조한 듯이 보이지만, 그렇지가 않아요. 이익도 중시했지요. 이익을 말하지 않은 까닭은 이익이 중요하지 않아서가 아니라 양혜왕이 이익만 알고 인의를 모른다고 여겼기 때문입니다.

인간이 인욕을 지니는 한, 늘상 이익을 생각하게 마련이지요. 신유학시대의 정이程頤는 이익과 관련해서 중요한 언급을 했답니다. "오로지 인위를 지니면 이익을 구하지 않아도 일찍이 이롭지 않음이 없다.(유인의칙불구리惟仁義則不求利 이미상불리야而未嘗不利也·『맹자집주孟子集註』)"라는 언급이 그것입니다. 인위를 도덕이라고 볼 때, 도덕을 행하면 이익은 저절로 쫓아온다는 의미가 됩니다. 이 얼마나 대단한 명언입니까? 도덕을 행해서 좋고 이익을 얻어서 좋으니, 도덕을 행한다면 그야말로 일석이조가 되지요. 도덕을 행하면 당장 이익을 놓치는 듯하나, 사실은 더 큰 이익을 얻는다고 여길 필요가 있습니다.

참고사항 2

동양의 유가는 이익을 무시하지는 않지만, 이익을 강조하지도 않지요. 이익이 도덕을 능가해서는 안 된다고 여기기 때문에 이익을 앞세우지 못한답니다. 공자가 그어놓은 가이드라인을 넘어설 수 없기 때문이지요. 공자가 "군자는 의義를 밝히고 소인은 이利를 밝힌다.(군자유어의君子喩於義 소인유어리小人喩於利·『논어論語』이인편里仁篇)"라고 한 언급이 바로 그 가이드라인이지요. 공자의 언급대로라면, 도덕과 이익은 서로 반대편에 있을 뿐이고, 도저히 통합될 수가 없습니다.

놀랍게도 공자의 반대편에 서서 도덕과 이익이 통합되어야 한다고 목청껏 외쳤던 사상가가 있었지요. 바로 전국시대 초기의 묵자墨子랍니다.

묵자는 천의天意를 잘 파악하여 겸애교리兼愛交利를 실천하라고 가르쳤습니다. 겸애교리란 '나와 남을 구별하지 않고 모두를 사랑해야 나와 님 모두에게 이롭다.'는 의미로서, 겸애에서 언급한 '도덕'과 교리에서 언급한 '이익'은 둘이 아니고 하나가 되어야 한다는 주장을 담고 있어요. 도덕이 앞서면 이익이 따르고, 이익이 앞서면 도덕이 따르는 관계! 묵자가 이 둘의 관계를 표리관계로 설정했기 때문에 도덕에 공리주의功利主義를 도입했다는 언급이 가능해집니다.

B. 관련 이론

◇ 묵자의 겸애설兼愛說

'자신과 타인을 구별하지 않고 똑같이 사랑한다.'는 의미. 자신과 타인을 차별하고 구별하는 유가의 이른바 '별사상別思想'과 상반됩니다. 묵자계통 사상가의 주장에 의거할 때, 유가의 별사상은 자신을 위하는 것만큼 타인을 위할 수 없지만, 겸애사상은 자신을 위하는 것만큼 타인을 위할 수 있다고 합니다.

◇ 맹자의 인의론仁義論

인仁은 '인간의 타고난 선한 마음'을 가리키고, 의義는 '인仁을 실천하는 방법'을 가리킵니다. 양혜왕과의 대화에서 의義는 '이利'와 반대되는 개념으로 사용되고, 고자告子와의 논쟁에서는 인간 심성을 가리키는 개념으로 확장됩니다.

◇ 플라톤의 '정의와 이익' 관계론

『국가론』에서 트라시마코스와 소크라테스를 내세워 정의와 이익의 관계를 언급했답니다. 트라시마코스는 이익에 주안점을 두고 있고, 소크라테스는 정의에 주안점을 두고 있습니다. 즉, 트라시마코스는 불의한 삶이 정의의 삶보다 더 이익이라고 하고, 소크라테스는 정의의 삶이 불의의 삶보다 더 뛰어나다고 하네요. 트라시마코스는 도덕적이지는 않되 이익이 되는 경우를 거론하고,

소크라테스는 도덕적이되 불이익이 되는 경우를 거론하고 있군요.

C. 점검과 확장

1) 〈05번 길 : 도덕과 이익, 어느 쪽을 택할까?〉는 도덕과 이익에 대한 딜레마 문제입니다. 어느 쪽을 택하더라도 명쾌하지가 않거든요. 명분적으로는 도덕을 택해야 한다고 하겠지만, 실질적으로는 이익을 택할 수밖에 없겠지요. 어떻게 해야 할까요? 딜레마 문제의 경우, 어느 쪽을 택해도 무방합니다. 어느 쪽을 택하든 간에 관점을 분명히 세우고 확실한 근거를 두 가지 이상 동원하면 됩니다. 주장과 근거를 테스트하는 문제가 딜레마 문제이기 때문이지요.

2) 맹자는 묵자를 신랄하게 비판했지요. 왜 비판했을까요? 묵자는 모든 사람을 차별 없이 사랑하라고 했습니다. 이런 주장을 겸애설이라고 하지요. 이에 반해, 유가에서는 차별성 있는 사랑을 중시합니다. 공자의 '능근취비론能近取譬論'이 그 뿌리입니다. 『대학』의 '수신제가치국평천하修身齊家治國平天下'가 이 '능근취비'의 구체적 사례라고 할 수 있겠지요. 능근취비를 한 마디로 설명하면 '가까운 데서 먼 데로!'가 됩니다. 자기 부모에게 효도한 다음 이웃사람에게 사랑을 베풀고, 이웃사람에게 사랑을 베푼 다음 먼 곳에 있는 사람에게 사랑을 베푼다고 보면 되겠지요. 능근취비의 차원에서 보면, 겸애설은 도무지 타당하지가 않습니다. '가까운 데서 먼 데로!'가 아니라 '가깝거나 멀거나 간에 똑 같게!'가 되거든요. 정황이 이러하므로, 맹자가 묵자를 비판할 수밖에 없지요. 다음 언급에는 묵자에 대한 맹자의 신랄한 비판이 담겨 있답니다. "묵씨의 겸애설에는 부모가 없다. 부모가 없고 군주가 없으니 금수다.(묵씨겸애墨氏兼愛 시무부야是無父也 무부무군無父無君 시금수야是禽獸也.『맹자孟子』등문공滕文公 하下)"

3) 요즈음 한국사회에서는 사익을 추구하면 비도덕적이고 공익을 추구하면 도덕적이라고 인식하는 경향이 있지요. 사익을 추구하는

자가 공익을 지향하지 않기 때문에 이런 이분법이 통용되는 것 같습니다. 물론, 몇몇 사례가 전체를 대변할 수는 없겠지요. 사익을 추구하더라도 얼마든지 도덕적일 수 있고 공익을 추구하더라도 얼마든지 비도덕적일 수 있어요. 이분법의 틀을 깨고 사회 현실을 정확하게 파악할 필요가 있습니다.

D. 연습 문제

1) 도덕적이지는 않되 이익이 되는 경우와 도덕적이되 불이익이 되는 경우가 있다고 가정할 때, 어느 쪽의 삶이 더 안정된 미래를 보장할까요?

2) K씨는 호텔 레스토랑에 근무하는 유명 셰프(chef)입니다. TV에도 자주 출연하고 수입도 꽤나 쏠쏠하답니다. 요즈음, 이 K씨가 심각한 고민에 빠졌어요. 레스토랑 CEO가 음식비는 더 올리고 원가는 더 절감하라고 노골적으로 요구하기 때문이지요. 원가 절감의 방법으로 잔반 다시 사용하기, 저급한 재료로 요리하기 등을 직접적으로 제시하기도 해요. K씨는 심한 굴욕감을 느꼈어요. 그 레스토랑을 그만 두기 위해 다른 레스토랑을 이리저리 수소문해 보았답니다. 아! 그런데, 수입이 더 나은 곳을 찾을 수 없고 비슷한 곳을 찾아내기도 쉽지 않네요. 만약, 여러분이 K씨라고 한다면, 앞으로 어떻게 하시겠습니까?

2. 직장생활

06번 길 : 자신의 가치도 살리고 조직의 가치도 살리고

◀ 문제확인 ▶

◈ 자신의 가치냐 조직의 가치냐?

A씨가 모 기업체에 입사했어요.
아! 그런데, 자신이 추구하는 가치와 조직이 추구하는 가치가 다른 거예요. 이럴 경우, 어떻게 해야 할까요?

A. 이정표

◀ 짧고 얕은 길 ▶

자신의 가치와 조직의 가치가 어긋난다고 할 때, 대처하기가 쉽지 않습니다. 당사자들이 마련하는 방안은 여러 가지이겠으나, 크게 보아 다음 세 가지 중 어느 한 가지 방안일 것 같습니다. 자신의 가치만을 추구하는 경우, 조직의 가치만을 추종하는 경우, 자신의 가치도 살리고 조직의 가치도 살리는 경우가 그것입니다.

세 가지 방안이 각기 어떤가요? 첫 번째와 두 번째 방안은 좋지 않아요. 첫 번째 방안을 취하면 오래지 않아 조직으로부터 외면당할 터이고, 두 번째 방안을 취하면 삶이 허무해지거나 무미건조해질 터입니다. 세 번째 방안이 가장 좋아요. 자신과 조직이 'win-win'할 수 있기 때문입니다.

문제는 'win-win'의 추구 방법이겠지요. 우선, 자신과 조직의 가치가 지니는 일치점을 찾아내어야 합니다. 그렇게 해야 자신과 조직의 공생 거점이 마련됩니다. 그 다음으로, 공생 지점을 점차 키워나가야 합니다. 조직의 가치에 맞추어 자신의 가치를 최대한 수정해보고, 도저히 수정할 수 없는 측면에 대해서는 조직의 가치에 자신의 가치가 반영될 수 있도록 노력하면 좋을 것 같습니다. 절대로 잊지 말아야 할 것이 하나 있습니다. 상생의 목표를 내걸고 상호 존중하고 배려하는 태도가 그것입니다.

참고사항 1

개인과 조직이 상대방의 가치를 인정하지 않을 때 갈등이 생깁니다. 이 때, 한쪽이 다른 한쪽에게 차이를 없애라고 일방적으로 강요한다면 문제가 심각해집니다. '차이'를 인정하고 접점을 찾으려고 애써야 합니다. 개인의 노력과 집단의 노력을 강조한 문학 및 예술 작품이 있기 때문에 눈여겨보기로 하겠습니다.

개인의 노력을 강조한 경우로는 혜민 스님의 수상록隨想錄 『멈추면 비로소 보이는 것들』에서 찾을 수 있어요. "성숙한 사람이 되기 위해서는 내 앞에 있는 분 역시 나와 마찬가지로 행복을 추구하는 똑같은 사람이라는 생각으로, 가끔은 내가 옳다고 생각하는 것도 내려놓을 줄 아는 것이 필요합니다. 잊지 마십시오. 내가 옳은 것이 중요한 것이 아니고 우리가 같이 행복한 것이 훨씬 더 중요합니다."라는 언급이 그것입니다. 개인이 집단의 가치에 적응해야 한다는 취지로 볼 수 있겠군요.

한편, 집단의 노력을 강조한 경우로는 스티븐 크보스키 감독의 영화 〈원더〉에서 찾을 수 있어요. 주인공 '어기'는 선천성 안면 기형으로 27번의 대수술을 받았지만, 여전히 남들과 외모가 다르기 때문에 헬멧 속에 그 자신을 숨기며 살았답니다. 세상의 편견이 두려워서 취학하지 못하고 홈스쿨링으로 교육을 받았지요. '어기'가 10살이 되자 엄마 이사벨이 학교에 보내고 싶어 했어요. 더 큰 세상을 보여주고 싶었거든요. '어기'가 헬멧을 벗고 학교에 입학하자, 단번에 눈요깃거리가 되었답니다. 한 마디로 말해, 놀림감이 되었지요. 이런 상황은 그리 오래 가지 않았습니다. 급우들이 '어기'의 순수성을 발견하고는 차츰 이해하려고 애썼거든요. 마침내, 한 급우가 이렇게 말해지요. "넌 못 생기지 않았어. 네게 관심 있는 사람은 알게 될거야." 이 말은 '어기'에게 엄청난 격려가 되었습니다. 학교라는 집단의 보편 가치에 적응할 수 있도록 하는 힘을 주었거든요.

◀ 길고 그윽한 길 ▶

개인과 조직의 가치가 어긋난다고 할 때 조직의 가치가 편향적이기 때문일 수도 있습니다. 가령, 조직이 CEO의 이익을 지향한다거나 개인을 단순히 부속품으로만 치부하거나 하는 경우랍니다. 만약, 조직의 가치가 평균치 이상이라면, 일단 개인의 가치에 결함이 있다고 해야 하겠지요. 결함을 해소하기 위해서는 반드시 지녀야 할 덕목이 있습니다. 바로 충서忠恕와 혈구지도絜矩之道예요.

주자에 따르면 충서의 '충'은 자기 자신이 할 바를 극진히 한다는 뜻이고 '서'는 자기를 미루어 남에게 미친다는 뜻입니다. 충서는 자신과 남과의 관계를 원만하게 지속시키는 데 필요한 실천윤리라고 할 수 있습니다. 실천윤리로서의 충서를 『대학』에서는 '혈구지도'라고 달리 표현했어요. '구'는 곡척曲尺으로서 도량형의 기준이고 사회공동체의 원칙이나 법도를 가리키므로, 충서와는 의미의 차이가 없답니다.

이렇게 보니, 왜 개인이 충서나 혈구지도를 실천해야 하는지를 알 수 있겠지요? 충서와 혈구지도를 실천하면 집단이 이롭게 되고, 집단이 이롭게 되면 집단의 가치가 상승하겠지요. 집단의 가치가 상승하면 그 집단의 가치가 개인의 가치를 높여주게 마련입니다. 결국, 개인의 가치도 살리고 집단의 가치도 살리는 길은 충서와 혈구지도의 실천이지요.

참고사항 2

개인이 충서와 혈구지도를 실천하여 집단의 가치를 높였음에도 불구하고 그 집단이 '공로가 있는 개인'에게 보답을 하지 않았다면 어떻게 해야 할까요? 선택지가 두 개밖에 없다고 가정해 봅시다. 무조건적으로 집단에게 충성하는 경우와 미련 없이 집단을 떠나는 경우가 그것입니다.

전자를 선택해야 할까요? 아닙니다. 과거의 선비들은 세상이 자신을 알아주지 않으면 초야에 파묻혀 세월을 보냈어요. 초야에 파묻힐지언정 무조건 충성하지 않겠다는 태도라고 할 수 있습니다. 과거에도 그랬으니, 오늘날이야 더 말할 나위도 없겠지요. 그렇다면 후자가 되겠군요. 후자는 유학적 인간형과 어긋날 듯하나, 그렇지 않습니다. 『논어』〈자한편子罕篇〉에서 "산 만들기에 비유해서 말하면, 마지막 한 줌의 흙을 쏟아붓지 않아 중지한 것도 내가 중지한 것이며, 평지에서 한 줌의 흙을 처음 쏟아붓고 산을 만들기 시작했다면 그것도 내가 그렇게 한 것이다.(비여위산譬如爲山 미성일궤지未成一簣止 오지야吾止也 비여평지譬如平地 수복일궤진雖覆一簣進 오왕야吾往也)"라고 했지요. 이 구절의 의미를 압축하면 '심은 만큼 거두기'이므로, 자기가 일을 벌였을 때 손해가 생겨도 자기가 감수해야 하고 이익이 생겨도 자기가 취해야 한다는 취지가 됩니다. 개인이 행위의 주체이니 손익의 주체도 개인인 셈이지요.

개인이 손익의 주체라고 볼 때, 꿀팁 한 가지를 추출할 수 있겠네요. 개인이 집단의 가치를 격상시켰다면 개인은 그 집단으로부터 보상 내지 이익을 누려야 한다는 점이 그것입니다. 만약 집단이 개인의 권리를 인정하지 않을 경우, 그 집단은 도덕적이지 않다고 볼 수밖에 없습니다. 집단이 도덕적이지 않다면 미련 없이 떠나야 하지 않을까요?

B. 관련 이론

◇ 공자의 극기복례론克己復禮論

『논어』〈안연편顏淵篇〉에 나옵니다. 공자가 제자인 안연에게 인仁을 실현하는 방법을 설명하면서 한 말입니다. 인仁을 하는 것은 자기에게 달려 있을 뿐이고, 남에게 달려 있지 않다는 취지를 담고 있군요.

◇ 공자의 수기안인론修己安人論

『논어』〈헌문편憲問篇〉에 나옵니다. 자로가 공자에게 군자에 대해 묻자 공자가 '수기안인'이라고 대답했지요. 자기를 닦아야 남을 다스릴 수 있다는 취지입니다.

◇ 장재의 민포물여론民胞物與論

〈서명西銘〉의 '모든 이웃은 내 동포요 모든 사물은 나의 동류자다.(민오동포民吾同胞 물오여야物吾與也·서명西銘)'에 나옵니다. 양시楊時가 스승인 정이程頤에게 "장재의 〈서명西銘〉에서 언급된 민포물여론이 묵자의 겸애사상과 동일하지 않느냐?"라고 질문하자, 정이가 이일분수설理一分殊說에 입각해 있다고 극찬했다고 합니다. '이일분수설'은 개인과 집단을 유기체적 통일체로 파악하는 근거가 됩니다.

◇ 『서경書經』〈여오편旅獒篇〉의 공휴일궤론功虧一簣論

'큰 공로가 하나의 삼태기로 인해 무너진다.'는 의미. 한 삼태기의 흙이 모자라 산을 쌓지 못했다고 하므로, 힘들게 벌인 일을 마지막까지 밀어붙이지 못해 지금까지 애쓴 일이 모두 허사가 되고 말았음을 비유한다고 볼 수 있습니다.

C. 점검과 확장

1) 〈06번 길 : 자신의 가치냐 조직의 가치냐?〉는 개인과 집단의 상생에 대한 문제입니다. 개인은 충서나 혈구지도를 실천해서 집단의 가치를 높이고 집단은 그 개인에게 보상 내지 이익을 베풀어야 한다고 한 점이 그 근거입니다. 이 문제에는 개인이 집단에 일방적으로 종속되면 안 된다는 취지가 깔려 있습니다.

2) 유교에서는 사회를 도덕공동체로 만들려고 합니다. 개인과 가족과 향당鄕黨과 조정朝廷에 대해 군위신강, 부위부강, 부위자강, 군신유의, 부자유친, 장유유서, 부부유별, 붕우유신의 삼강오륜이라든가 인의예지신仁義禮智信의 오상五常을 강조하는 데서 이 점이 드러납니다. 인간의 도덕적 본성을 사회의 절대적 규범으로 확립하고자 하기 때문에 도덕공동체론이 나왔겠지요. 오늘날은 이익사회입니다. 개인이든 집단이든 간에 이익이 되지 않으면 정상적 관계를 형성하지 않으려 합니다. 이익을 강조하다보니, 도덕은 어디론가 사라지고 말았어요. 이 점에서 오늘날은 도덕이 사라진 시대라고 할 수 있습니다. '개인과 집단이 공생하는 도덕공동체'를 회복시킬 수는 없을까요? 이 문제의 궁극적인 지향점이 도덕공동체의 회복 방안에 있다고 해도 좋을 것 같습니다.

3) 현대 자본주의 사회는 많은 문제를 드러내고 있습니다. 배타적 경쟁의식, 과도한 이익 추구, 절대빈곤층의 확대와 양극화 현상 등이 그런 문제들입니다. 문제를 해결하기 위해서는 이기심을 억제할 수 있는 사회적 장치가 필요합니다. 이기심의 소종래所從來가

기질지성氣質之性이므로, 기질지성을 지닌 인간존재로서는 이기심을 부정할 수 없습니다. 다만, 이기심의 반대편에서 정신 운동으로 맞불을 놓을 수는 있지요. 장재가 〈서명〉에서 주창한 '우주적 가족주의'를 정신 운동으로 삼으면 어떨까 합니다. '우주적 가족주의'가 정신 운동으로서 제 자리를 잡고 확실하고도 온전하게 구현될 때 인간과 인간, 인간과 사물, 인간과 자연이 부모형제가 되는 도덕공동체가 형성되리라 믿습니다.

D. 연습 문제

1) 오늘날을 제4차 산업혁명시대라고 합니다. '기계 같은 인간형'을 창출하는 데서 나아가 '인간 같은 기계형'을 창출하고자 하기 때문에 이렇게 언급하지요. 제4차 산업혁명시대에 '우주적 가족주의' 내지 도덕공동체 이념은 어떤 의의를 지닐까요?

2) 이일분수설의 '이일'에 의하면 가진 자와 가지지 못한 자, 높은 자와 낮은 자 간에는 하등의 차이가 없습니다. 범위를 더 확장시키더라도 마찬가지입니다. 가령, 인간과 자연, 인간과 짐승, 심지어는 생물과 무생물 간에도 하등의 차이가 없습니다. 천지만물의 성性이 동일하다고 보기 때문이지요. '이일'이 조화와 합일을 기조로 한다고 볼 때, '이일'에 의거해서 도덕공동체를 형성할 방안은 없을까요?

07번 길 : 기한을 주고 지켜보라!

◀ 문제확인 ▶

◈ 신고하느냐 덮느냐?

A씨는 말단 사원인데요.
직장에서 우연히 상사의 비리 행위를 목격했어요.
이럴 때, 회사의 상부에 신고해야 하나요 덮어버려야 하나요?

A. 이정표

◀ 짧고 얕은 길 ▶

비리 행위에도 경중이 있지요. 가령, 회사의 특허 기술을 유출시키거나 거액을 횡령한다면 중범죄에 해당되고, 운영비 일부를 착복하거나 소모품비를 타 항목으로 전용한다면 경범죄에 해당됩니다. 중범죄인 경우에는 죄질이 나쁘고 단기간에 교정이 불가능하기 때문에 신고해야 합니다.

문제는 경범죄인 경우입니다. 죄질이 그리 나쁘지 않고 단기간에 교정도 가능하므로, 마음만 바로잡는다면 손쉬울 것 같습니다. 가급적 빨리 원상회복하게 하는 한편 회사의 질서나 규범을 잘 지키도록 권고해야 하겠지요. 해당 상사가 권고를 잘 따른다면 굳이 상부에 신고할 필요가 없다고 봅니다.

만약, 권고를 따르지 않을 경우에는 어떻게 해야 할까요? 가차없이 상부에 신고해야 하겠지요. 방치한다면 그 상사는 점점 큰 범죄를 저지를 수도 있고, 회사의 기강까지 흐트러놓을 수도 있습니다. 결국, 사안에 따라 당근이 약이 되기도 하고 채찍이 약이 되기도 합니다.

참고사항 1

김원석 연출의 TV 드라마 〈미생〉이 인기리에 방영된 적이 있었지요. 〈미생〉에는 한석률과 성 대리가 등장합니다. 한석률은 섬유 1팀의 말단 사원이고, 성 대리는 섬유 1팀의 대리로서 한석률의 사수입니다. 성 대리는 한석률에게 협력업체에 대금을 결재해 주라고 강요합니다. 서류가 미비한데도 불구하고 막무가내로 밀어붙이기 때문에 한석률로서는 성 대리를 의심할 수밖에 없었습니다.

한석률은 성 대리의 뒤를 밟다가 협력업체 이 부장과의 부적절한 관계를 목격하게 됩니다. 한석률은 성대리의 불륜 행각 및 부당 지출 내역을 폭로하려고 하다가, 무슨 생각을 깊이 하고는 증거물을 모두 불태우고 맙니다. 이런 정황도 모른 채 성 대리는 틈만 나면 한석률을 괴롭힙니다. 이유도 없이 윽박지르고 욕설까지 거리낌 없이 합니다. 얼마 후, 이 부장의 남편이 회사에 찾아와 성 대리의 불륜 행각 및 부당 지출 내역을 폭로합니다. 회사는 발칵 뒤집히고, 성 대리는 아주 곤란한 처지에 빠집니다.

한석률로서는 성 대리가 반성하기를 바라면서 나름대로 시간을 주었지만, 사태는 엉뚱한 곳에서 꼬이고 말았지요. 원하는 결과는 아니었지만, 성 대리가 마음을 바로잡기를 바랐던 사실은 확실합니다. 만약, 한석률이 성 대리에게 시한을 주면서 바로잡으라고 경고했더라면, 사태가 이 지경에 이르지 않았을 수도 있었겠지요. 만시지탄晚時之歎이라고나 할까요.

◀ 길고 그윽한 길 ▶

범죄인에게 기한을 주고 지켜보자고 하는 쪽도 있겠지만, 직장 상사가 사규社規, 더 나아가서는 실정법을 위반했다고 하여 가차 없이 신고하자고 하는 쪽도 있을 거예요. 전자는 양심에 의거하고 후자는 법에 의기하므로, '양심이냐 법이냐?'라고 하는 딜레마 상황이 형성되는군요.

딜레마 상황이 아주 뚜렷하게 나타나는 사례로서 빅토르 위고의 『레미제라블』을 들 수 있습니다. 쟈베트 형사가 장발장을 풀어놓은 뒤 법을 어겼다고 자책하며 세느강(Seine River)에 투신한다는 점이 그 근거입니다. 양심과 법은 양립할 수 없을까요? 양심에 의존하면 인간과 인간 사이는 따뜻해지되 기준이 애매해지고 자기 합리화와 자기 정당화에 빠질 가능성이 많고, 법에 의존하면 엄정해지고 보편성은 확보하되 개개인의 특수성을 무시하고 비인간적으로 흐를 가능성이 많습니다.

양심과 법이 각기 장단점이 있으므로, 양립시킬 필요가 있어요. 다시 말해, 상호 조화시켜야 하겠어요. 상호 조화의 사례로는 '양심의 소리에 귀를 기울이는 법'과 '법의 잣대에 키를 맞추는 양심'을 들 수 있답니다. 양심과 법의 조화를 꾀한다고 할 때, 상사의 범죄를 어떻게 처리할까요? 처리 방향은 다음과 같을 듯합니다. '경미한 범

죄라면 기한을 주고 지켜보자. 그래도 시정되지 않는다면 그때 가서 신고하자!'

참고사항 2

동양 고전에 '양심이냐 법이냐?'의 딜레마 상황과 유사한 사례가 전해온답니다. 『논어』〈자로편子路篇〉에 실린 '공자와 섭공葉公 간의 곧음[직直] 논쟁'이 그것입니다. 아버지가 양을 훔치자 그 아들이 죄를 들추어낸 사실을 놓고 곧음 논쟁이 벌어진 바인데, 섭공은 아들이 부친을 고발해야 곧다고 하고 공자는 아들이 생득적 성정을 왜곡하지 않아야 곧다고 합니다.

이른바 곧음 논쟁은 후대에 이르러 '윤리냐 법이냐?'라고 하는 '윤리와 법의 논쟁'으로 전환되는 추이를 보입니다. 장자莊子, 한비자韓非子, 주자 등이 이 논쟁의 주역입니다. 논쟁은 크게 보아 두 가지입니다. 자식이 아버지를 고발하면 생득적 성정에 위배된다고 하는 견해와 자식이 아버지를 숨기면 범인 은닉죄가 된다는 견해가 그것입니다. 모두 타당성이 있으니, 그야말로 만고의 과제가 아닐 수 없습니다.

본인과 상사의 경우는 혈연관계가 아니기 때문에 만고의 과제라고 할 수는 없습니다. 물론, 부담이 없지는 않을 터입니다. 평소의 관계가 돈독했다면 어떤 조치를 취하더라도 부담이 되겠지요. 그러나 어찌하리오! 대의를 위해 본인이 할 수 있는 최선의 조치를 취해야 하겠지요. 최선의 조치란 양심과 법의 조화를 꾀하면서도 그 어느 한 쪽에 무게를 두는 행위가 아닐까 합니다. '양심의 소리에 귀를 기울이는 법'과 '법의 잣대에 키를 맞추는 양심'이 그런 사례가 되겠지요. 두 가지 사례 중에서 어느 한 쪽을 택해야 한다고 할 때, 여러분은 어떻게 하시겠습니까?

B. 관련 이론

◇ 콜버거(L. Kohlberg)의 도덕적 딜레마 이론

도덕적 딜레마란 '둘 중 하나만을 선택해야 할 때 그 어느 쪽을

선택해도 바람직하지 않은 도덕적 결과가 나오는 곤란한 상황'을 가리킵니다. 콜버거는 분석윤리학자로서 연령이나 인지 능력을 고려하여 도덕 추리의 발달 과정을 설정하고 해법을 다층적으로 제시했습니다.

◇ 소포클레스(Sophocles)의 '법과 윤리' 관계론

희곡 〈안티고네〉를 통해 법과 윤리의 관계를 제시했습니다. 실정법을 표방하는 크레온과 자연법을 표방하는 안티고네가 서로 맞서므로, 〈안티고네〉에서는 법과 윤리의 갈등이 나타난다고 할 수 있지요. 소포클레스의 의도가 분명치는 않으나, 어느 정도 짐작은 가능합니다. 안티고네를 통해 실정법을 준수하면서도 도덕적 정의 또한 바로 세워야 한다는 취지가 엿보이므로, 법과 윤리의 조화 차원에서 소포클레스의 창작 의도를 이해해야 옳을 것 같습니다.

◇ 한비자韓非子의 법치이론

『한비자』〈난세편難勢篇〉에 나옵니다. 한비자는 사람의 본성이 이기적이어서 법으로 통제하지 않으면 사익 추구를 억제할 수 없다고 보았습니다. 유가의 덕치론德治論뿐만 아니라 법가法家 제설諸說까지도 비판하면서 법치 체계를 수립하기 때문에, 한비자를 법가 학설의 집대성자라고 할 수 있습니다.

C. 점검과 확장

1) 〈07번 길 : 신고하느냐 덮느냐?〉는 양심과 법, 윤리와 법의 관계에 대한 문제입니다. 크게 보아, 세 가지 정도의 답변이 가능하지요. 양심이나 윤리가 법보다 우선 하는 경우, 법이 양심이나 윤리보다 우선 하는 경우, 양심이나 윤리가 법과 조화를 이루는 경우가 그것입니다.

2) '양심이냐 법이냐?'에 대한 답변은 인성을 어떻게 파악하느냐에

따라 달라집니다. 인간의 본성이 악하다고 본다면 법 쪽을 택할 터이고, 인간의 본성이 선하다고 본다면 양심 쪽을 택하거나 법과 양심의 조화 쪽을 택할 터입니다. 인간의 본성이 악하기도 하고 선하기도 한 측면이 있어 보이므로, 양심을 택하든 법을 택하든 간에 문제가 되지 않습니다. 정황이 이러하므로, 인성에 대한 관점을 분명하게 설정하고 답변에 임하면 무난하리라 봅니다.

3) 인간의 행위를 양심과 법으로 판단해볼 수 있습니다. 양심에도 합당하고 법에도 합당하면 그 행위는 선하다고 할 수 있고, 양심과 법 모두에 다 합당하지 않다면 그 행위는 악하다고 할 수 있습니다. 이 경우에는 선악 구별이 쉽지요. 문제는 인간의 행위가 어느 한 쪽에는 합당하되 다른 한 쪽에는 합당하지 않을 때입니다. 예컨대, 양심에는 합당하되 법에는 합당하지 않거나 법에는 합당하되 양심에는 합당하지 않다면 선의의 피해자가 생길 여지가 많겠지요. 작금의 한국 사회에는 선의의 피해자가 적지 않습니다. 선의의 피해자를 줄이려는 노력을 할 때, 비로소 양심과 법이 조화를 이루리라 믿습니다.

D. 연습 문제

1) 김우창 교수가 『법과 양심』, (에피파니, 2018)이라는 저서와 관련해서 모 기자와 인터뷰를 한 적이 있습니다. 인터뷰에서 다음과 같이 말했지요. "양심은 법 안에, 그리고 법의 주변에, 또 법을 넘어 존재해야 합니다."라고. 김우창 교수가 어떤 의도로 이런 언급을 했을까요?

2) 한국의 경우, 2017년까지만 해도 양심적 병역 거부자는 처벌의 대상이 되었습니다. 만약, 병역 거부 행위가 '입영 거부'의 의도를 띠면 병역 기피의 죄로 처벌하고, 입영 후에 '집총 거부'를 하면 항명죄로 처벌했답니다. 이제는 양심적 병역 거부자를 인정하고 대체복무제도까지 만들었으니, 문제가 없어졌을까요? 그렇지 않습

니다. 입영 거부의 차원에서 양심적 병역 거부자를 표방한다면 판별하기기 어렵습니다. 과거의 문제가 사라지자, 새로운 문제가 불거졌다고 할 수 있겠네요. 새로운 문제를 해결하지 못한다면 대체복무제도의 실효성 논란까지 생겨날 우려가 있습니다. 어떻게 해결하면 좋을까요?

08번 길 : 무조건 안고 가라!

◀ 문제확인 ▶

◈ 젖혀 놓느냐 안고 가느냐?

팀을 구성해서 프로젝트를 수행한다고 가정합시다.

구성원 중의 어느 한 명이 게으름을 피운다고 한다면 어떻게 해야 할까요?

A. 이정표

◀ 짧고 얕은 길 ▶

한 사람으로 인해 팀플레이가 망가진다면 속이야 상하겠지요. 젖혀 놓아 버릴까요? 좋지 않습니다. 소외된 구성원이 크게 낙담해서 삶의 의욕을 잃어버릴 수도 있고, 앙심을 품고 업무에 훼방을 놓을 수도 있거든요. 무엇보다 젖혀 놓는 조치는 앞으로 프로젝트에 복귀해서 적극적으로 도움을 줄 여지를 차단해버리기 때문에 명백한 하책下策입니다.

무조건 안고 가야 합니다. 그 대신, 게으름의 원인을 파악해야 하겠지요. 천성적으로 게으른 경우와 특정 계기로 인해 게으름을 피우는 경우를 상정해 봄직해요. 전자는 아닐 거예요. 천성적으로 게으른 자라면 실력이 없을 터이니, 입사 자체가 불가능했겠지요. 후자라고 한다면, 게으름의 요인을 파악해서 제거해 버리면 되겠군요. 타인이 인위적으로 그 요인을 제거하기보다 본인 스스로 그 요인을 제거할 수 있도록 도와두면 좋겠지요. 그러기 위해서는 상대방에게 게으름이 질병이라고 주지시켜야 해요. 정신세계의 바이러스가 파고들어 게으름이라는 질병을 만들었으므로, 정신적 면역력을 함양해서 바이러스를 물리치라고 하세요. 바이러스를 물리칠 자는 그 자신밖에 없다고 해야 하겠지요.

쉽게 해결되지 않더라도 낙망하지는 마세요. 차후 프로젝트 수행 시에는 그 소외된 구성원이 복귀해서 배전의 노력을 기울일 것이라고 여기고, 현재의 부담이나 고통을 감수하세요. 무조건 안고 가더라도 마이너스는 되지 않습니다. 장기적으로 볼 때는 오히려 플러스이에요.

 참고사항 1

찰스 스톤 3세 감독의 영화 〈드림라인〉은 팀 구성원 간의 조화와 협동이 얼마나 중요한지를 잘 보여줍니다. 주인공 '데본'은 드럼연주에 천부적

재능을 지닌 학생입니다. 특기생으로 대학에 입학하고 난 뒤 밴드부에 입단하게 됩니다. 입단 첫날부터 드림라인의 리더 '션'과 사사건건 충돌합니다. '션'은 '데본'의 약점을 들추어내고 '데본'은 '션'의 솔로 연주 기회를 빼앗아버리면서 갈등은 최고조에 달합니다. 그 결과, '데본'은 밴드부에서 쫓겨나고 말지요.

이곳저곳을 돌아다니며 방황하던 차에 의절하고 지내던 아버지로부터 음악테이프를 받고, 자기도 모르게 밴드부 연습실로 향합니다. 그 곳에서 뜻밖에도 '션'을 만납니다. '데본'과 '션'은 극적으로 화해하고 각자 반성의 시간을 가집니다. '데본'은 '션'의 도움으로 악보를 완성한 다음, '리' 단장에게 그 악보를 보냅니다. 악보를 받아쥔 '리' 단장은 그동안의 과오를 반성하면서 밴드부 경연대회에 참가하기로 결정합니다. '리' 단장이 전폭적으로 지원하고 밴드부 단원 간에 신뢰가 깊어지면서 엄청난 결과를 획득하게 됩니다. 밴드부 경연대회의 우승이 그것입니다.

〈드림라인〉과 같은 듯하나 실제로는 서로 다른 내용이 순끼 창작의 웹툰에서 발견됩니다. 〈치즈 인 더 트랩〉이 그것입니다. A대 경영학과 3학생들에게 팀 프로젝트가 주어졌지요. 팀을 결성하고 난 뒤, 구성원들이 핑계를 대며 슬금슬금 물러나 버립니다. 주인공 홍설은 밤을 지새면서 홀로 프로젝트를 완성합니다. 수고했다면 보상받아야 하겠지만, 그렇지가 못했지요. 프로젝트에 임하지 못한 구성원이 잘못 발표하면서 온통 망쳐버리고 말았거든요. 〈치즈 인 더 트랩〉에서는 어느 한 명으로는 팀을 영광으로 이끌지 못한다는 점을 시사합니다.

해법은 오직 하나! 〈드림라인〉의 경우처럼, 팀 구성원 전체가 상호 신뢰하면서 조화와 협동을 상시 지향하는 길뿐이지요.

◀ 길고 그윽한 길 ▶

유학의 옛 스승이라면 '성誠'을 실천하라고 가르치실 거예요. '성'에 대해 『중용』에서는 "자기를 완성시키고 타인과 타물을 완성시킨다.(성기성물成己成物)"라고 풀이했지요. 신유학시대에 이르러서는 경敬

이라는 개념과 더불어 그 의의가 강조된답니다. '성'과 '경'을 표리관계라고 하는 데서 그런 점이 드러납니다. 즉, '성'은 진실무망眞實無妄한 정신이 발현하는 마음의 상태라면, '경'은 '성'을 수렴하여 행하게 하는 마음의 상태라고 합니다. '성'이 '경'을 타고 타인과 소통하게 한다고 보면 되겠군요. 따라서, 타인과 진실하게 소통하기 위해서는 우선 자기 자신이 '성'을 지니지 않으면 안 됩니다. 자기 자신이 '성'을 지녀야 그 '성'이 타인에 대한 사랑의 마음인 '인仁'에 놓일 수 있고, 그런 '인'이 타인과의 관계에서 '서恕' 혹은 '추기급인推己及人'으로 전환될 수 있기 때문입니다.

이 정도의 지식을 가진다면 게으름을 피우는 팀 구성원에게 어떻게 해야 할 것인지를 알겠지요. 연민의 정으로 접근해서는 안 되고, 반드시 '성'의 취지에 입각해서 상대방을 바꾸어 놓아야 하겠지요. '성'이 '인'에 놓여 '서'로 나타나면서 천지만물을 사랑하는 대아大我를 형성하므로, '성→인→서'의 구도, 즉 대아의 호의적 배려는 나 자신이 우수적 존재가 되기 위한 특단의 장치인 셈이지요. 깨닫고 또 깨달아야 합니다. '대아의 호의적 배려! 남을 위한 시혜적 장치가 아니라 나 자신과 천지만물을 위한 상리공생相利共生의 장치라는 것을.'

참고사항 2

'성誠'은 두 개의 얼굴을 가지고 있습니다. 천도天道와 인도人道가 그것입니다. '천도'와 '인도'라는 개념은 『중용』에 처음 나옵니다. "성이란 하늘의 도이고 성을 행함은 사람의 도리이다.(성자誠者 천지도야天之道也 성지자誠之者 인지도야人之道也)"가 그것입니다. 이처럼 '성'에서 천도와 인도가 갈려 나왔다고는 하나, 원시유학의 시대에서는 큰 차이를 두지 않았어요. 천도는 인도로 인해 가치를 완성하고 인도는 천도로 인해 가치를 형성한다고 여겼으니, 양자를 상보적으로 인식했다고 할 수 있지요.

그런데 신유학의 시대에서는 '성'의 두 얼굴인 천도와 인도가 쪼개어지는 징후를 보여요. 남명 조식(曺植, 1501~1572)과 퇴계 이황은 그 대표적인 학자이시요. 두 학자는 각기 '성'의 다른 한 쪽에 무게를 더 부여했습니다. 즉, 남명은 강인약천强人弱天의 경향을 보이며 인도의 얼굴을 택하고 퇴계는 약인강천弱人强天의 경향을 보이며 천도의 얼굴을 택합니다. 남명은 실생활의 인욕을 물리치는 데 주안점을 두었고, 퇴계는 기氣가 유발한 문제를 이理로 해결하는 데 주안점을 두다보니, 차이가 생겼어요. 이런 차이가 각기 택지 않은 다른 쪽의 얼굴을 경시하는 데까지는 이르지 않지만, 현실주의와 이상주의를 뚜렷하게 분기시키는 데까지는 이르지요. '성'을 통한 경향성의 표출! 각기 다른 '성'의 얼굴이 서로 다른 경향성을 표출한 셈이지요.

B. 관련 이론

◇ 주자의 추기급인론推己及人論

'자신의 처지를 미루어 다른 사람의 형편을 헤아린다.'라는 의미. 주자가 〈여범직각서與氾直閣書〉에서 한 말. 『논어』의 '능근취비能近取譬'나 『중용』의 '성기성물成己聖物'이나 『대학』의 '혈구지도絜矩之道'와 '유저기이후구저인有諸己而後求諸人'라는 용어와 같은 의미입니다.

◇ 『논어』의 박시제중론博施濟衆論

『논어』〈옹야편雍也篇〉에 나옵니다. 자공이 공자에게 '박시제중'이 인仁에 해당되느냐고 묻자, 공자는 인仁에 해당될 뿐 아니라 성聖에도 해당된다고 합니다. '박시제중'의 가치를 아주 높게 평가했다고 볼 수 있지요.

◇ 『중용』의 진실무망론眞實無妄論

'진실하고 망령됨이 없다.'라는 의미로서, 주자가 '성誠'의 개념을 풀이한 말. 하늘이 부여하고 만물이 선천적으로 받아 간직하고 있는 바른 이치가 '성'이라고 풀이했습니다. '성'이란 결국 우주의 본체인 태극의 본래 이치를 가리킵니다.

C. 점검과 확장

1) 〈08번 길 : 젖혀 놓느냐 안고 가느냐?〉는 '호의적 배려와 우주적 존재의 관계'를 다룬 문제입니다. 호의적 배려가 외관상으로는 게으름을 피우는 팀 구성원에게 시혜를 베푸는 조치인 듯하지만, 이면적으로는 행위의 주체로 하여금 우주적 존재가 되게 하는 조치랍니다. 타인을 위한 조치가 사실은 본인뿐만 아니라 천지만물을 이롭게 하는 조치이니, 이 얼마나 신나는 일이 아니겠습니까! 이와 같이 유쾌한 사유가 바로 이 문제에 짙게 깔려 있답니다.

2) 게으름이라는 질병을 만드는 바이러스는 무엇일까요? 동물성 바이러스, 식물성 바이러스, 세균성 바이러스가 인체에 침투해서 질병을 일으키듯이, 정신세계에서도 이런 현상이 나타나고 있지요. 다시 말해, 정신세계의 바이러스가 마음에 깊숙이 파고들어 크나큰 질병을 일으키지요. 가령, 편견, 고정관념, 시샘, 지나친 경쟁의식, 나만 편하면 된다는 위아주의(爲我主義) 등이 바로 정신세계의 바이러스이지요. 정신세계의 바이러스는 그 출처가 다양합니다. 대체로 외부에서 마음속으로 파고든 경우와 외부 요인에 의해 본인의 마음속에서 생겨난 경우로 대별할 수 있답니다. 게으름을 피우는 팀 구성원이 어떤 바이러스에 감염되었는지 정확히 알기는 어려우나 아마도 후자에 속하지 않을까 해요. 열성적인 구성원 속에 들어가서 적당히 파묻혀 있으려고 하는 것 같거든요. 이런 환자는 거개 자기가 질병을 앓는 줄 몰라요. 최고의 처방은 바로 칭찬이랍니다. 칭찬을 하면 돌고래도 춤을 춘다고 하듯이, 게으름을 피우는 팀 구성원에게 칭찬을 하면 그 구성원의 내면에 잠자고 있던 선한 기미, 의협심, 공동체의식 등이 기지개를 켜며 바깥으로 표출될 겁니다. '내면에 있던 선한 기미, 의협심, 공동체의식 등'이 무엇이겠어요? 그것이 바로 정신적 면역력이 아닐까 합니다. 명심하세요. '정신적 면역력! 칭찬으로 인해 생겨난다는 것을.'

3) 대부분의 현대인은 비난하는 데는 능해도 칭찬하는 데는 미숙하

지요. 비난하기는 쉽고 칭찬하기는 어렵거든요. 칭찬하기가 왜 어려울까요? 비난하는 방법은 많이 개발되어 있지만, 칭찬하는 방법은 별로 개발되어 있지 않기 때문일 거예요. 칭찬을 잘 하기 위해서는 특단의 방법이 필요해요. 환자의 마음을 들여다보고 장점을 있는 대로 들추어내는 방법도 좋기는 하지만, 무엇보다 작은 장점을 크게 말해서 그 작은 장점이 점차 자라나도록 하는 방법이 좋겠어요. 이렇게만 한다면 명의名醫가 따로 없지요. 다시 말해, 현대판 편작扁鵲이요 화타華佗가 아닐까 합니다. 여러분은 편작이나 화타와 같은 명의가 되어 보지 않으시렵니까?

D. 연습 문제

1) 여러분은 자기 자신의 이익을 도모했음에도 불구하고 타인을 위해 선행을 했다고 칭찬받아 본 일이 있습니까? 아마 많지는 않더라도 있기는 했을 거예요. 뜻하지 않게 칭찬받으면, 왠지 부끄러움을 느끼게 되지요. 각자 이런 경험을 한 가지 이상 끄집어내어 이야기해 봅시다.

2) 자공이 언급한 '박시제중博施濟衆'은 '백성들에게 널리 베풀고, 많은 사람들을 구제한다.'는 의미를 지녔지요. 언뜻 보면 시혜적 행위를 가리키는 듯하지만, 단순히 시혜적 행위만을 가리키는 것 같지는 않아요. 공자가 인仁에 해당될 뿐 아니라 성聖에도 해당된다고 하며 극찬했음을 상기할 때, 원시유학의 시대에서도 단순히 '박시제중'을 시혜적 행위로만 이해한 것 같지 않아요. 신유학의 시대에서는 그런 취지를 구체적으로 밝혀 놓았지요. '성'이 '인'에 놓여 '서'로 나타날 때 '박시제중'이 구현된다는 취지로 설명했으니, 아예 '박시제중'을 '대아의 호의적 배려'로 이해했다고 할 수 있어요. '대아의 호의적 배려'가 무엇인지를 구체적 사례를 들면서 설명해 보세요.

09번 길 : 동료의 숨은 장점을 찾아보라!

◀ 문제확인 ▶

◈ 참아야 하나 따져야 하나?

고과점수에 따라 수당을 차등 지급한다고 가정해봅시다.

동료가 별로 뛰어나지 않은 듯한데도 자기 자신보다 고과점수를 더 높게 받고 수당도 더 많이 받아간다면 어떻게 하겠습니까?

A. 이정표

◀ 짧고 얕은 길 ▶

동료가 고과점수考課點數를 높게 받는 데는 이유가 있을 거예요. 까닭 없이 상사가 동료에게 고과점수를 높게 줄 리가 없잖아요.

세 가지 까닭을 상정해 봄직하지요. 우선, 나는 모르고 상사는 알아보는 숨은 장점이 동료에게 있을 것 같아요. 숨은 장점으로는 오래 지켜보아야만 알 수 있는 끈기, 성실성, 책임감, 거래처와의 원만한 관계 등을 들 수 있어요. 그 다음으로, 평가 항목이 여럿이고 항목에 따라 배점이 달라질 여지도 있을 것 같아요. 본인은 동료와 큰 차이가 없다고 여기더라도 평가 항목에 따라 작은 차이가 점수 차이를 크게 낼 수 있어요. 또 그 다음으로, 동료가 상사에게 은밀하게 뇌물을 공여해서 점수를 올려 받았을 가능성을 생각할 수 있어요. 평소에 상사가 대접받기를 좋아한다면 일단 생각해 봄직은 하네요.

세 가지 이유를 상정했지만, 두 번째와 세 번째 이유는 고려할 필요가 없어요. 고가점수 산정 기준을 알아내는 데 공력을 허비해서도 안 되고, 근거 없이 상사를 의심하며 적개심을 품어서도 안 됩니다. '첫 번째 이유에 입각해서 반성해보기'가 최선의 방안이에요. 일단 나보다 동료가 더 낫다고 인정하고, '나는 모르고 상사는 알아보는 숨은 장점'이 무엇인지를 찾아보세요. 그 동료는 장점을 몇 가지 지녔을 거예요. 그런 장점을 힘써 본받을 때, 다음 번에는 고가점수를 높게 받으리라 확신합니다.

참고사항 1

조수원 연출의 TV 드라마 〈너의 목소리가 들려〉에서는 평판이 높은 동료에 대한 한 사나이의 애증愛憎을 다루고 있습니다. 해당 인물은 장혜성과 차관우입니다. 장혜성은 국선 전담 변호사이고, 차관우는 장혜성과 같은 사무실에 근무하는 동료 변호사입니다. 장혜성에게는 차관우가 정말 이상하게 보입니다. 분명히 어리버리하고 능력이 부족해 보이는 데도 불구하고, 다른 변호사들에게는 자기 자신보다 더 높은 평가를 받고 있었기 때문이지요.

장혜성은 몹시 기분이 나쁩니다. 참다못해 다른 변호사에게 왜 차관우 변호사가 자기 자신보다 더 높은 평가를 받는지를 묻게 됩니다. 그 질문에 대한 답변은 싸늘한 시선과 비웃음뿐입니다. '그 이유를 아직도 모르고 있다니. 이 덜떨어진 친구야!'라는 의미가 배여 있는 듯했지요. 그때부터 장혜성은 차관우를 유심히 관찰하기 시작했습니다. 차관우는 어눌해 보이면서도 논리를 잘 구사하고, 흉허물없는 듯하면서도 어딘지 모를 법도가 있고, 작게 손해를 입으면서 이익을 크게 그리는 인간형이었습니다.

이 점을 확인하고는 장혜성은 자기가 차관우의 껍데기만 보고 있었다고 반성하게 됩니다. 그 다음부터는 차관우를 마음속의 스승으로 모시고, 열심히 배우고 이해하려고 했지요. 두 말할 필요 없이 장혜성은 훌륭한 변호사가 되었답니다.

◀ 길고 그윽한 길 ▶

뭔가 석연치 않다고 해서 나서서 상사에게 따질 것인가요? 그렇게는 못하지요. 아무런 근거도 없이 나섰다가 창피당하기 십상입니다. 원인을 찾아내는 일이 시급합니다. 모두 나로 인해 문제가 촉발되었지요. 어떻게 해결하면 좋을까요?

맹자가 좋은 처방을 제시한 바 있어요. 바로 '반구저기反求諸己'입니다. '반구저기'란 어떤 일이 잘못 되었을 때 그 원인을 남에게서 찾지 않고 자기에게서 찾는다는 취지에서 나왔답니다. 어떻게 해야 '반구저기'가 가능할까요? 자기완성의 가치를 지향하지 않는다면 '반구저기'가 불가능하다고 볼 때, '반구저기'는 '성誠'을 구현하는 마음에서 기인한다고 할 수 있겠지요. 즉, '반구저기'를 '성'의 작용으로 이해해도 좋을 것 같습니다. '반구저기'의 효능은 무엇일까요? 동료의 장점을 본받아 나 자신을 완성시킨다면, 그 다음에는 동료를 완성시키고 상사를 완성시키고 직장 전체를 완성시키고 종래에는 삼라만상을 완성시키는 단계로 나아가겠지요. '반구저기'의 시작은 '동료의 장점 본받기'이고, '반구저기'의 끝은 '삼라만상 완성시키기'이군요.

'반구저기'의 시작이 이처럼 위대하므로, '동료의 장점 본받기'에 임하는 자를 일컬어 군자의 길로 들어섰다고 해도 되겠군요. 공자는 이렇게 말했습니다. "군자는 자기 자신에게서 문제의 원인을 찾고자 하고, 소인은 남에게서 문제의 원인을 찾고자 한다.(군자구저기君子求諸己 소인구저인小人求諸人·『논어論語』위령공衛靈公)"라고. '성'을 구현하는 '반구저기'! 이 '반구저기'를 실천하면 군자의 길로 들어서고 '반구저기'를 실천하지 아니하면 소인의 길로 들어서겠지요.

참고사항 2

맹자가 『여씨춘추呂氏春秋』〈선기편先己篇〉의 하夏나라 백계고사伯啓古事를 읽고 '반구저기'의 개념을 이끌어 내었다고 해요. 백계고사를 소개해볼게요.

하나라 우임금 시대에 제후 유호씨有扈氏가 군사를 이끌고 왔다고 해요. 우임금은 백계를 보내 유호씨의 공격을 막아내게 했답니다. 아! 그런데, 백계는 감택甘澤이라는 곳에서 그만 유호씨에게 참패하고 말았다고 해요. 백계의 부하들은 도저히 패배가 믿기지 않는다고 하며, 다시 한 번 싸워보자고 했어요. 백계는 응하지 않았어요. "나는 유호씨에 비해 영토도 작지 않고 백성들도 적지 않았음에도 불구하고 패배하고 말았다. 패배의 원인은 오로지 나에게 있다. 나의 덕이 부족하고 지도를 잘 하지 못했기 때문이다.(오지불천吾地不淺 오민불과吾民不寡 전이불승戰而不勝 시오덕박이교불선야是吾德薄而敎不善也)"라고 하면서 싸우려고 하지 않았습니다. 그리고는 여러 가지로 분발했다고 해요. 즉, 검소하게 생활하고, 백성을 아끼고, 덕이 있는 사람을 우대하고, 재능 있는 사람을 널리 기용했답니다.

나라가 융성해지자 놀라운 일이 벌어졌습니다. 1년이 겨우 지나, 유호씨가 제 발로 걸어와서 복속되었다고 합니다. 정말 놀라운 일이지요. 백계가

'반구저기'를 통해 패배를 승리로 바꾸고 갈등을 감동으로 바꾸었으니, 그야말로 천지개벽이지요. 여러분! '반구저기'의 효능이 대단하지 않나요?

B. 관련 이론

◇ 공자의 능근취비론能近取譬論

『논어論語』〈옹야편雍也篇〉에 나옵니다. '자신을 미루어서 자신을 헤아려야 한다.'라는 의미로서 인仁을 실천하는 방법을 가리킵니다. 앞의 〈길고 그윽한 길〉에 나오는 '나 자신이 완성되면 동료를 완성시키고 상사를 완성시키고 직장 전체를 완성시키고 종래에는 삼라만상을 완성시'킨다고 하는 언급이 바로 '능근취비'라고 할 수 있습니다.

◇ 『예기禮記』〈악기樂記〉의 반궁자문론反躬自問論

'자기 자신으로 돌아와 스스로 물어본다.'라는 의미. 어떤 일이 잘못 될 때 그 원인을 자기 자신에게서 찾는다고 하는 취지를 담고 있습니다. 만약 이 '반궁자문'의 노력이 없을 경우, 외물이 내부로 들어와 사람을 외물로 만들어 버린다고 합니다.

◇ 『맹자』〈이루장구離婁章句〉의 획어상유도론獲於上有道論

'윗사람의 신임을 얻는 방법'이라는 의미. 벗들에게 신용을 얻지 못하면 윗사람에게 신임을 받지 못한다고 합니다. 원문은 "불신어우不信於友 불획어상弗獲於上"입니다.

C. 점검과 확장

1) 〈09번 길 : 참아야 하나 따져야 하나?〉는 '반구저기와 군자의 길'에 대해 다룬 문제입니다. '반구저기'와 군자의 길은 인과관계입니다. '반구저기'가 구현되어야 군자의 길로 나아갈 수 있다고 보기 때문입니다. 군자의 길이란 우주적 존재가 되기 위한 거보(巨步)와 동일하다고 이해하면 됩니다. 정말 '반구저기'의 공능이 대

단하군요. '동료의 장점 본받기'에서 그치지 않고 '삼라만상 완성시키기'에까지 이르기 때문에 '반구저기'야말로 지상적 존재를 우주적 존재로 격상시키는 동인이라고 할 수 있습니다.

2) 대부분의 현대인은 '반구저기'의 공능을 너무 높게 설정했다고 지적할 것 같습니다. '반구저기'라고 하면 기껏해야 반성의 의미일진대, '자기 자신을 반성한다고 해서 어찌 우주적 존재가 될 수 있다고 운운하느냐?'라고 하는 의구심 때문이겠지요. 상당히 합리적인 의구심인 듯이 보이기도 하나, 사실은 전혀 합리적이지 않습니다. '반구저기'의 의미를 잘못 파악했기 때문입니다. 신유학에서는 '반구저기'를 단순히 반성의 의미로만 파악하지 않습니다.『중용』에서 언급한 행원자이行遠自邇 내지 등고자비登高自卑의 원칙에 의거하여 군자의 도道에 단계나 순서를 부여하고 있습니다. 즉, 이상적 목표를 먼저 설정하고 단계나 순서를 하나씩 실천해가야 한다고 하지요. 정황이 이러하므로, '반구저기'가 사전적으로는 반성의 의미를 지닌다고 할지라도 그 이상적 목표는 '우주적 존재의 실현'에 갖추어져 있다고 이해해야 합니다. 이런 이해에 도달한다면, '반구저기'의 공능을 너무 높게 설정했다고 하지는 않겠지요?

3) 오늘날의 마음공부에는 '우주적 존재의 실현'이 담겨 있지 않습니다. 유학의 제1명제라고 여겨왔던 천인합일 사상은 벌써 오래전에 합리적이고 냉철한 경제논리의 장벽에 부딪혀 깨어지고 말았기 때문에, '우주적 존재의 실현'이라는 이상적 목표는 들어설 자리가 없습니다. 천인합일 사상이 케케묵은 유물이 되었으니, 어찌 과거의 이상적 목표가 발을 붙이겠습니까? 오늘날, 마음공부라 할 수 있는 명상冥想이 있기는 하나, 정신적 차원보다는 현실적 차원에 더 치중해 있습니다. 지각이나 신체의 평정 상태를 끌어올리는 데 주안점을 두기 때문이거든요.

D. 연습 문제

1) 오늘날에는 '반구저기'라는 용어가 '반성' 정도로 해석되고 있지만, 과거에는 그렇지가 않았습니다. '반구저기'의 의미가 어떻게 달라졌는지를 지적하고, 그 이유를 설명해 보세요.

2) 다음 두 글의 취지에 입각해서, '반구저기'의 전통적 의의를 오늘날에 되살릴 수 있는 방안을 제시해 보세요.

> A. 한 철학자는 독수리가 더 빨리, 더 쉽게 날기 위해 극복해야 할 유일한 장애물은 공기라고 말했다. 그러나 공기를 모두 없앤 진공 상태에서 새를 날게 하면 그 즉시 땅바닥으로 떨어져 아예 날 수 없게 된다. 공기는 비행하는 데 저항이 되는 동시에 비행의 필수조건이다.
>
> 〈존 맥스웰〉
>
> B. 궁수는 화살이 빗나가면 자신을 돌아보고 자기 안에서 문제를 찾는다. 화살을 명중시키지 못한 것은 결코 과녁의 탓이 아니다. 제대로 맞히고 싶으면 실력을 쌓아야 한다.
>
> 〈길버트 알랜드〉

10번 길 : 결과 이상으로 과정이 중요하다.

◀ 문제확인 ▶

◈ 결과냐 과정이냐?

　일반적으로는 과정과 결과가 모두 중요하다고 말하지만, 경중에 있어서는 의견이 일치하지 않습니다. 어떤 사람들은 결과가 과정보다 더 중요하다고 하고, 또 어떤 사람들은 과정보다 결과를 더 중요하다고 합니다. 결과가 더 중요할까요 과정이 더 중요할까요?

A. 이정표

◀ 짧고 얕은 길 ▶

서양의 지배적인 윤리론은 두 가지입니다. 목적론目的論과 의무론 義務論이 그것입니다. 목적론은 행위의 결과로써 옳고 그름을 판단합니다. 행위의 결과가 좋으면 옳다고 하고 행위의 결과가 나쁘면 그르다고 하기 때문에, 의도나 동기는 그다지 중요한 판단 기준이 아닙니다. 한편, 의무론은 행위 그 자체의 정당성으로써 옳고 그름을 판단합니다. 행위 그 자체가 바르면 옳다고 하고 행위 그 자체가 바르지 않으면 그르다고 하기 때문에, 결과는 그다지 중요한 판단 기준이 아닙니다.

서양 윤리론인 목적론과 의무론은 동양 윤리론과 무관하지 않습니다. 목적론과 의무론이라는 용어는 없었지만, 목적론과 의무론에 해당되는 논의는 있었기 때문입니다. 유학의 차원에서 볼 때, 동양에서는 의무론의 비중이 더 높습니다. 의도나 동기가 올바르지 못하면 성인聖人이나 군자가 될 수 없다고 보기 때문이지요. 물론, 목적론도 배제되지는 않습니다. 성인이나 군자가 되었다면 의도나 동기도 순선純善했다고 할 수밖에 없거든요.

참고사항 1

"당신의 삶이 얼마나 훌륭한지 결과로 보여주세요!"

많이 듣곤 하지만, 올바른 말은 아닙니다. 어떤 일을 하다가 중단하거나 끝을 맺으면 결과가 나오겠지만, 인생살이의 경우에는 반드시 결과가 나온다고 하기 어렵습니다. 인생살이를 포기한다면 결과가 나오겠지요. 만약, 인생살이를 포기하지 않는다면 과정만 있을 따름이지 결과란 없지요. 이응복·김성윤 연출의 TV 드라마 〈드림하이 1〉에서 그런 측면을 잘 보여주고 있어요. 송삼동이라는 인물은 가수를 꿈꾸지만, 사고로 인해 귀가 잘 들리지 않게 되었어요. 송삼동이 가수의 길을 포기한다면 인생살이의 결과는 실패라고 할 수 있겠지요.

그런데, 송삼동은 포기하지 않았습니다. 모든 노래의 박자나 타이밍을 정확하게 외움으로써 사고가 발생하기 이전보다 더 노래를 잘한다는 평가를 받았어요. 그 이후, 송삼동은 글로벌 스타가 되었답니다. 드라마의 엔딩 멘트가 정말 멋있네요. "드라마는 끝났지만, 송삼동의 인생은 아직 끝나지 않았어요."라고 했으니까요. 불굴의 의지를 가졌으니, 삶의 원대한 포부가 중단되지 않겠지요. 결국, 의지 여부에 따라 결과가 있거나 없거나 하겠네요. 의지가 박약해서 포부를 접어버리면 결과가 있을 터이고, 현재의 처지가 열악해도 불굴의 의지로 포부를 지속적으로 가진다면 항상 결과가 없을 터이지요. 인생살이에 과정만 있다고 생각하고, 항상 무엇인가를 추진해야 하지 않을까요?

◀ 길고 그윽한 길 ▶

유학의 차원에서 보면, 목적론과 의무론을 분리시킬 수 없을 것 같습니다. 의무론과 목적론이 모두 필요하기 때문이지요. 왜 그럴까요? 유학의 최고 목표를 생각해보면 알 수 있지요. 내성외왕內聖外王은 명실공히 유학의 최고 목표입니다. 내성內聖이란 자신을 수양하여 성인이 되는 경지이고, 외왕外王이란 군왕의 덕을 갖추는 경지이지요. 『대학』의 팔조목에 그런 점이 잘 나타납니다. 즉, 격물格物·치지致知·성의誠意·정심正心·수신修身은 내성의 공부이고, 제가齊家·치국治國·평천하平天下는 외왕의 공부입니다. 학식과 덕행을 두루 갖춘 인간형이 바로 내성외왕이라 지칭할 수 있습니다.

이 내성외왕은 목적론적 차원에 입각해 있습니다. 성인의 덕과 군왕의 덕이 행위의 결과가 되기 때문이지요. 의도나 동기가 무시되어도 좋은가 하면, 절대로 그렇지 않습니다. 의도나 동기라 할 수 있는 수양 공부에 결함이 생기면 내성외왕에 도달할 수가 없거든요. 의무론을 주목하는 까닭이 여기에 있습니다. 목적론과 의무론은 분리되어서는 안 되겠지요? 물론, 양자가 모두 중요하다고 해도 경중은 있습니다. 수양 없이 내성외왕이 불가능하다고 볼 때, 목적론 이상으로 의무론이 중요합니다. 이런 정황을 고려하여 목적론의 결과와 의무론

의 과정이 어떤 관계인지를 정리하면 다음과 같습니다. '결과 이상으로 과정이 중요하다.'

참고사항 2

내성외왕 공부의 경우는 과정이 옳아야 합니다. 간절하고 올바르게 수양해야 성인의 덕을 쌓고 군왕의 덕을 쌓을 수 있기 때문이지요. 과정에 해당되는 수양이 간절하지 못하거나 올바르지 못하면 결과에 해당되는 내성외왕 공부는 불가능해집니다.

이런 정황을 세상살이에 적용시킬 수 있을까요? 다시 말해, 과정이 옳아야 바람직한 결과를 성취한다고 일반화할 수 있을까요? 현재로서는 일반화할 수 없습니다. 덕을 쌓는 공부일 경우에는 과정이 옳아야 바람직한 결과가 산출되지만, 세상살이는 그렇게 되지 않고 있습니다. 과정이 옳지 않은데도 불구하고 세인世人들이 칭송하는 이른바 '바람직한 결과'에 도달하는 수도 있기 때문이지요. 범죄자와 결탁한 스폰스검사라든가 위장전입으로 이익을 취한 고위공직자들을 그 사례로 들 수 있습니다. 이들은 엄청난 불법을 저지르고도 거부가 되었고 한때나마 세인들로부터 부러움의 대상이 되었습니다.

이런 사례가 적지 않기 때문에, '과정이 옳지 않아야 바람직한 결과에 도달할 수 있다.'는 역설이 진리처럼 느껴지기도 하지요. 길게 보건대, 과정과 결과의 역설은 진리의 왜곡입니다. 오랜 역사는 '과정이 옳아야 바람직한 결과에 도달한다.'는 점을 일반화하고 있고 그런 일반화 현상이야말로 진리가 아닐까 합니다.

B. 관련 이론

◇ 주자의 이구지극론以求至極論

'천하 사물에 나아가 이미 알고 있는 이理를 바탕으로 그 이理를 더욱 궁구하여 극한에까지 도달하도록 추구한다.'는 의미. 『대학장구』〈격물치지보망장格物致知補亡章〉에 나옵니다. '이理의 궁구는 과정을 나타내고 '극한까지의 도달'은 결과를 나타낸다고 볼 때, 과정이 올바르면 바람직한 결과에 이른다는 논법이 됩니다.

◇ 퇴계 이황의 범인위성론凡人爲聖論

'경敬으로 마음을 잘 수양하면 일반인도 성인이 될 수 있다.'는 의미. 상지上智만이 최고의 경지에 오를 수 있다고 하는 공자의 성품설性品說과는 어긋납니다. '경에 의한 마음의 수양'이 과정을 나타내고 '성인의 경지'는 결과를 나타낸다고 볼 때, 이 또한 과정이 올바르면 바람직한 결과에 이른다는 논법이 됩니다.

◇ 『시경詩經』〈대아大雅-탕湯〉의 '미불유초靡不有初 선극유종鮮克有終'론論

'처음부터 착하지 않은 사람은 없지만 끝까지 착한 사람은 드물다.'는 의미. 처음 시도할 때는 거창해도 막상 유종의 미를 거두는 어렵다는 취지가 담겨 있습니다.

C. 점검과 확장

1) 〈10번 길 : 결과냐 과정이냐?〉는 과정 중심주의에 대한 문제입니다. 과정 중심주의란 '어떤 사업의 실천 방안을 제시할 때 신중하게 과제를 설정함으로써 문제 해결을 쉽게 하려는 과정 중심의 입장'을 가리킵니다. 오늘날, 과정보다 결과를 중시하는 풍조가 만연하다고 볼 때, 이 문제에는 결과 중심주의에 대한 비판적 의도가 담겼다고 할 수 있습니다.

2) 유학에서는 결과와 과정을 길항拮抗 관계로 보지 않습니다. 즉, 결과냐 과정이냐를 놓고 문제를 제기하는 경우가 없습니다. 결과도 중요하지만, 과정은 더욱 중요하다고 여기기 때문입니다. 유학에서는 결과와 과정을 조합의 관계로 여기는 셈입니다. 하나하나의 과정이 모여서 최종적인 결과에 도달한다고 보면, 타당한 시각이라 할 수 있겠지요.

3) 한국의 경우, 근대화가 전개되면서부터 과정보다 결과를 중시하는

풍조가 생겨났습니다. 사업가의 됨됨이를 평가할 때, 얼마나 양심적으로 사업을 했는가를 판단 기준으로 삼지 않고, 얼마나 돈을 많이 벌었는가를 판단 기준으로 삼는 데서 그런 점이 드러납니다. 이런 풍조가 정상적인 가치관을 뒤집어놓았지요. 양심적으로 사업을 하되 돈을 벌지 못한 사업가는 실패한 자로 낙인찍히고, 불법적으로 사업을 하되 돈을 많이 번 사업가는 성공한 자로 칭송받는 현상이 그 방증이 아닐까 합니다. 가치관이 전도되면 불법과 탈법이 난무할 터이므로, 하루 빨리 정상적인 가치관으로 회귀하지 않으면 안 됩니다. 유학의 지침을 전범으로 삼아도 좋을 것 같습니다.

D. 연습 문제

1) 조선시대에는 결과 못지않게 과정도 중시하는 풍조가 형성되었지만, 오늘날의 한국 사회에서는 결과만을 중시하는 풍조가 형성되고 있습니다. 결과만을 중시하는 풍조가 생겨난 원인이 무엇일까요? 유학 내지 성리학의 지침에 입각하여 그 원인을 두 가지 이상 밝혀 보세요.

2) 한국사회에서는 빈부 격차가 심각합니다. 어떤 자는 수천 채의 집을 보유하는가 하면, 다른 어떤 자는 한 채의 집도 보유하지 못하고 있습니다. 빈부 격차 문제에 대해서는 논란의 여지가 있어요. '국가가 나서서 해결해야 할까요? 아니면 해결하지 않고 그대로 두어야 할까요?'가 그것입니다. 국가가 나서서 해결하고자 한다면 복지의 폭과 범위를 확대하는 길밖에 없을 터입니다. 과정이나 절차를 중시하는 의무론의 입장에서 이 문제에 답해 보세요.

3. 취미생활

11번 길 : 매화의 본성을 탐구하고 실천하기 위해

◀ 문제확인 ▶

◈ 퇴계 이황은 왜 매화를 사랑했는가?

퇴계는 매화를 매우 사랑했습니다. 퇴계가 매화를 제재로 하여 창작한 시, 즉 퇴계 매화시에서는 매화를 마치 친구나 애인으로 형상화하고 있거든요. 대부분의 학자들은 퇴계가 매화를 격물格物의 대상으로 삼았다고 하네요. 퇴계의 매화 사랑을 격물과 연관지워 설명해 보세요.

A. 이정표

◀ 짧고 얕은 길 ▶

답변을 두 가지로 상정해 볼 수 있습니다. 한 가지는, 매화의 생태를 관찰하고 발화發花 과정을 탐색해서 지식을 공고히 하기 위함입니다. 퇴계 이황이 도산서당에 매화나무를 많이 심고 주야로 그 꽃을 감상했다는 점이 그 근거입니다. 다른 한 가지는, 매화의 덕목인 빙자옥질氷姿玉質과 아치고절雅致高節을 본받기 위함입니다. 유학의 선비라면 누구나 매화의 덕목을 본받고자 했듯이 퇴계 또한 극진히 매화의 덕목을 본받고자 했습니다. 매화를 제재로 한 시詩, 즉 매화시梅花詩에 그런 면이 잘 나타나지요. 이렇게 보면, 두 가지 이유가 모두 타당하지만, 두 가지 이유 간에 경중은 있을 것 같군요. 첫 번째 이유보다 두 번째 이유가 더 비중이 있어 보이네요. 문제에서 퇴계가 매화를 너무나 사랑한 나머지 친구나 애인처럼 여겼다고 했으니, 문제 그 자체가 이미 두 번째 이유를 가리키고 있네요. 퇴계가 성리학자로서 매화의 덕목을 본받고 실천하고자 했다고 이해하면 될 것 같군요.

"천지만물의 가치는 동등하다."

이런 관점은 신화가 살아 숨 쉬는 이른바 '야생의 세계'에서 흔하게 나타나지요. 조셉 캠벨의 역저 『신화의 힘』에 의하면, 고대 인디언들은 생물뿐만 아니라 무생물에 대해 '그대'라고 불렀다고 해요. 가령, 들소, 나무, 돌 등이 그 대상입니다. 천지만물의 가치를 동등하게 본다는 의미이겠지요. 성리학적 차원에서 보면, 동등한 이치를 깨달았다고나 할까요. 다만, 인간은 육식해야 살 수 있고, 살기 위해서는 들소를 사냥할 수밖에 없습니다. 인간과 들소가 타협할 수 있을까요? 고대 인디언들은 그런 방법을 찾아내었답니다. 들소를 사냥한 다음, 제사를 봉행하며 들소의 영혼과 화해했다고 해요. 들소의 영혼에게 생존을 위해 들소 고기를 먹었을 따름이고 들소의 가치를 낮추어보기 때문이 아니라고 해명한 셈이 되지요.

오비디우스의 『변신』〈피타고라스의 가르침〉에서도 이와 비슷한 내용이 있어요. 피타고라스는 이렇게 말하고 있어요.

"우리 몸을 살찌우기 위해, 우리 배를 채우기 위해, 다른 동물의 살을 게걸스레 먹다니. 어찌 사악하지 아니한가."

또 이렇게 말했다고도 합니다.

"잔인무도하게 살육하여, 인간의 혼과 똑같은 동물의 혼을 그 거처에서 쫓아내지 마세요."

이런 정도의 언급은 동양에서는 아주 흔하지요. 장자莊子가 "하늘과 땅이 나와 더불어 한 뿌리이고, 온누리는 나와 더불어 한몸이다.(천지여아동근 天地與我同根 만물여아일체萬物與我一體)"라고 했고, 정자程子는 공자의 인仁을 풀이해서 '천지만물과 더불어 하나가 된다.(여천지만물위일체與天地萬物爲一體)'라고 했지요. 이렇게 보니, 천지만물로부터 동등한 이치를 찾아내고자 하는 경향은 서양에서나 동양에서나 마찬가지라고 할 수 있겠네요.

◀ 길고 그윽한 길 ▶

매화를 사랑하는 까닭은 나(=인식 주체)의 본연지성을 함양하기 위함이랍니다. 현실적 인간은 기질지성氣質之性을 포함하고 있으므로 불완전한 상태에 놓여 있습니다. 불완전한 상태를 완전한 상태로 만들기 위해서는 나의 밖에 있는 이理를 궁구해야 합니다. 그렇게 하면, 내 안에 있는 이理를 아는 데 도움이 되며 기질지성을 본연지성과 일치시키는 데 유익하기 때문입니다.

보다 적극적으로 해석하면, 개물個物마다 지니고 있는 본연지성을 탐구해서 앎을 지극히 하면 나의 본연지성을 함양할 수 있다고 보면 되지요. '개물마다 지닌 본연지성 탐구'는 격물格物이고, '앎을 지극히 하는 태도'는 치지致知이고, '나의 본연지성을 함양하는 행위'는 도덕적 수양이라고 볼 때, 격물은 치지의 전제요 도덕적 수양의 출발점이라고 할 수 있습니다.

　매화만이 본연지성을 함양하는 데 유용한가요? 전혀 그렇지는 않지요. 매화뿐만 아니라 모든 사물이 본연지성을 함양하는 데 유용하답니다. 그렇다면, 퇴계가 왜 유독 매화를 사랑했을까요? 개인적인 기호와 연관이 깊다고 보아요. 퇴계는 매화가 다른 수목에 비해 치지의 영역을 넓혀주고 도덕적 수양을 유용하게 한다고 생각했기 때문이라고 여겨져요.

참고사항 2

　퇴계 이황은 매화를 제재로 한 시를 많이 창작했어요. 이른바 매화시는 자그만치 72제 107수나 됩니다. 매화시를 읽으면 도산陶山은 좋은 곳이고 서울은 나쁜 곳이라는 식의 표현이 빈번하게 보입니다. 즉, 도산에 대해서는 희고 깨끗할 뿐만 아니라 옥설 같이 고귀하고 향내가 진동하고 생명이 약동하고 신선이 산다고 하는 데 반해, 서울에 대해서는 먹구름이 끼이고 검은 먼지가 흩날리고 눈과 바람이 모질기만 하다고 합니다.

　물론, 도산이나 서울의 풍정이 실제 그대로는 아닙니다. 좋다고 해서 항시 좋을 수만도 없는 법이고, 나쁘다고 해서 항시 나쁠 수만도 없는 법입니다. 즉, 도산이라고 해서 항시 좋기만 하고 서울이라고 해서 항시 나쁘지만은 않습니다. 호·불호를 변별하느라고 각 공간의 특징을 극단적으로 나타내다 보니, 실상을 벗어났으리라 여겨집니다.

　퇴계가 왜 이렇게 했을까요? 퇴계는 공간 개념에 '분개-부정' 방식을 도입하면서 인성 개념을 이입시켰습니다. 즉, 순선무악의 원천이 되는 여러 자질을 한데 묶어서 도산 공간이라 하고 유선유악의 원천이 되는 여러 자질을 한데 묶어서 서울 공간이라 했지요. 이런 정황을 감안할 때 도산 공간을 단순하게 안동지역의 고유명사로만 이해하고 말 수는 없습니다. 인간이 추구해야 할 올바른 도리, 즉 '이상 추구의 과제'를 도덕적 성격이 강한 도산이라는 이름으로 형상화했다고 할 수 있어요. 요컨대, 현실 공간이기는 하되 현실 공간이 도달해야 할 이상적 공간이 바로 도산이랍니다.

B. 관련 이론

◇ 주희朱熹의 격물치지론格物致知論

● 서울 집에서 분매와 주고받다

다행히 매선이 나와 함께 짝하여
객창이 맑끗하고 꿈마저 향기로워라.
고향으로 돌아갈 때, 그대와 함께 못하니
서울 티끌 속에서도 곱게 간직하여 다오.

〈그림과 시에 대한 꿀팁〉
1) 퇴계가 매화분을 정성껏 돌보고 있군요.
2) 매화를 '매선梅仙'이라고 높여 부르고 있네요.
3) 고향 공간은 순수하지만 서울 공간은 오염되어 있어요.

〈의미와 의의〉
1) 『대학』의 8조목 중의 첫 번째 조목으로서, '사물의 이치에 도달하다.'의 의미.
2) 적용 범위가 무척 넓어요. 물리적인 자연법칙의 탐구뿐만 아니라 인생관, 세계관, 역사관, 우주관 등의 정신적 가치 체계에까지도 두루 적용됩니다.

3) 격물格物이 올바를 때 치지致知에 이르고, 치지致知가 올바를 때 올바른 성의誠意에 이르고, 성의誠意가 올바를 때 올바른 정심正心에 이르고 ……
4) 퇴계 이황의 유언 두 마디!
① "준아! 매실나무를 만지는 것이 『대학』에 나오는 격물이란다."
② "매화분에 물을 주어라!"

〈격물이 필요한 이유〉
1) 성즉리설性卽理說에서 기인합니다. 성즉리설에 의하면, 주체에게도 이理가 있고 객체에게도 이理가 있습니다. 외부 사물의 이理에 대해 이해와 관찰을 철저하게 해야 참다운 지식을 지닐 수 있다고 하지요.
2) 본성을 보존하고 함양하기 위해 격물이 필요해요. 외부 사물의 이理는 곧 성性이고, 그 성性은 본연지성과 기질지성을 함유합니다. 외부 사물의 본연지성을 탐구하면 나의 성性이 확충되지요. 이렇게 보면, 지식과 실천은 별개네요. 지식과 실천은 어떤 관계를 맺고 있을까요? 주자는 선지후행先知後行이라고 하고, 퇴계는 지행호진知行互進 내지 지행상수知行相須라고 하네요.
3) 반면, 왕양명은 지행합일론知行合一論을 전개하며, 개개 사물의 이치를 연구해야 한다고 하는 격물을 반대합니다. 그 근거는 심즉리설心卽理說에 있어요. 심즉리설에서 왕양명은 물리物理 파악의 행위로서는 참다운 앎을 구현할 수 없고, 마음에서 느낀 바를 실천해야 비로소 참다운 앎을 구현할 수 있다고 하네요. 물리 파악의 행위를 부정적으로 보므로, 격물을 반대할 수밖에 없지요.

C. 점검과 확장

1) 〈11번 길 : 퇴계 이황은 왜 매화를 사랑했는가?〉는 격물치지론格物致知論에 대한 문제입니다. 매화를 사랑하는 이유를 격물의 관점

에서 밝히라고 했기 때문입니다. 인식론의 차원에서 볼 때, 격물은 지식을 확충하기 위함입니다. 따라서 격물은 치지를 목적으로 한다고 할 수 있지요. 『대학』에서도 이렇게 언급했으니, 틀림없다고 보아야 하겠지요.

2) 격물은 일종의 도덕적 수양입니다. 왜 그럴까요? '개물마다 지닌 본연지성 탐구'가 격물이라고 한 데서 그 이유가 드러납니다. 격물은 순선무악한 본성을 발견하고 궁리하는 행위이기 때문입니다. 순선한 덕을 발견하고 궁리한다고 한 이상, 어찌 도덕적 수양이 아니라고 할 수 있겠습니까?

3) 격물하기 위해서는 사물을 접해야 합니다. 대자연에서는 여러 사물을 접할 수 있으니, 대자연이야말로 격물하기에 아주 적합한 장소가 되겠지요. 몇몇 성리학자들이 벼슬을 그만 두고 고향으로 돌아가려 한 까닭이 바로 격물하기 위함이 아닐까 합니다. 물론, 대자연에 나아가는 행위가 곧 격물을 의미하지는 않습니다. 오늘날, 학교에서 야외학습을 시행하곤 하지만, 놀거나 휴식하기 위함일 뿐이고 사물의 본성을 발견하고 궁리하기 위함은 아니기 때문이지요. 사물의 본성을 발견하고 궁리하려고 해야 격물이 된답니다.

D. 연습 문제

1) A교사는 모 고등학교 윤리교사로서 방과 후 수업시간이 되면 학생들을 데리고 대자연을 노닌다고 합니다. 한 학부형이 왜 그렇게 하느냐고 물었습니다. 그 교사는 다음과 같이 말했습니다. "학생들이 풀과 나무를 접하면 인성이 함양되거든요. 대자연을 노니는 이유가 바로 그 때문이랍니다."라고. A교사가 한 말의 뜻을 풀이해 보세요.

2) 아래 글을 읽고, 격물치지의 어떤 측면을 암시하는지를 설명해 보세요.

스승이 하루는 제자들과 어느 곳을 가니, 물가에서 어떤 사람이 낚시를 하고 있었다. 제자들이 물었다.

　"선생님, 저기 물가에서 낚시하는 사람이 고기를 얼마나 낚았을까요?"

　"열여섯 마리 낚았구나."

　제자들이 가서 세어보니 틀림없이 열여섯 마리를 낚아 놓고 있었다.

　"선생님 어떻게 열여섯 마리인 줄 아셨습니까?"

　"우리가 길 가는 가운데에 고기 낚는 것을 보았으니, '갈 행行'자 가운데에 '고기 어魚'를 하면 '저울대 형衡'자가 된다. 또 저울의 한 근斤이 곧 열여섯 량兩이 아니냐?"

〈다음 카페, 박만수 일화〉

12번 길 : 나 자신을 벗어날 수 있게 하므로

◀ 문제확인 ▶

◈ 자연인 관련 프로그램을 왜 즐겨 보는가?

모 종편방송국에서 '〈나는 자연인이다〉 프로그램'을 방영한 이래, 여러 방송국에서 덩달아 이와 유사한 프로그램을 방영하고 있습니다. 어느 방송국에서든 간에 '자연인 관련 프로그램'의 시청률이 높은 편이라고 하네요. 시청률이 높으니까 방송국마다 방영한다고 볼 수 있겠지요. 시청률이 높은 까닭이 과연 무엇일까요? 인성론의 관점에서 시청률이 높은 이유를 설명해 보세요.

A. 이정표

◀ 짧고 얕은 길 ▶

　시청자들이 '자연인 관련 프로그램'을 즐겨 보는 까닭으로는 두 가지를 생각해 볼 수 있어요. 한 가지는, 원시적인 삶에 대한 시청자의 호기심 때문이 아닐까 합니다. TV 속의 자연인은 하나같이 유유자적하며 욕심 없는 삶을 영위하고 있지요. 자연을 부모로 삼으면서 먹거리를 자연에서 구하는 삶의 방식이 '분주하고 각박한 삶을 영위하는 현대인'으로 하여금 호기심을 느끼게 할만도 합니다. 다른 한 가지는, 자연인의 삶에 시청자 그 자신의 삶을 이입시켜 보기 때문이 아닐까 합니다. 도시의 삶에 찌들린 현대인이라면 누구나 한 번쯤은 세찬 바람에 휩쓸리지 않고 세상의 소리에 귀 기울이지 않는 삶을 살고 싶다고 느낄 때가 있지요. 이런 느낌은 대체로 잠시뿐이겠지만, 그 효과는 강렬하지요. '자연인 관련 프로그램'을 통해 원래는 있었다가 지금은 잃어버린 느낌을 되살리고 자연인에 그 자신을 이입시켜 보지 않을까 여겨집니다. 두 가지 까닭을 종합하면, '현재의 나 자신 벗어나기'가 됩니다. '자연인 관련 프로그램'이 시청자로 하여금 몸은 도시에 있으면서 마음은 자연인이 되게 하므로, 이른바 '유체이탈幽體離脫 경험'을 부여한다고도 할 수 있겠네요.

참고사항 1

　임순례 감독의 영화 『리틀 포레스트』를 보면, '자연인 관련 프로그램'과 유사하다는 생각이 듭니다. 배경은 일본 토호쿠 산간지방의 농촌마을 코모리[소삼小森] 즉 '리틀 포레스트'이고, 주인공은 도시에서 생활하다 마음에 상처를 입고 귀향한 소녀 이치코입니다. 이치코는 모든 먹거리를 직접 만들며 여유롭게 일상을 영위합니다. 환상적인 사건이 발생하지도 않고 몽환적인 분위기도 전혀 조성되지 않지만, 묘하게 관객의 호기심을 자극합니다.

　주인공이 도시와 완전히 동떨어진 시골에서 온갖 야채로 조림이나 볶

음이나 튀김을 해먹는 광경이 전혀 어색해 보이지 않습니다. 시골 생활이 도시생활의 반작용이 아니기 때문이기도 하고, 자연의 순리를 따르며 살아가기 때문이기도 합니다. 가령, 호두를 주워 새참으로 먹을 호두밥을 준비하는가 하면, 정성들여 식혜를 발효해 더위를 달래기도 합니다. 인공 조미료나 문명의 이기利器가 보이지 않기 때문에 너무나 자연스럽게 느껴진답니다. 마치 이치코는 자연이고, 자연은 이치코 같은 느낌이 들어요.

자연 식단을 꾸리고자 땀을 흘리는데도 불구하고, 왜 자연스럽게 느껴질까요? 도시를 벗어났고 문명의 이기와는 무관하기 때문일 것 같아요. 이 논점에 의거하면, TV 시청자들이 왜 '자연인 관련 프로그램'을 즐겨 보는지를 짐작할 수 있어요. 주인공에게서 꿈에나 그리던 미래의 자기 모습을 보았기 때문이 아닐까 해요.

◀ 길고 그윽한 길 ▶

인성론의 관점에서 볼 때, '자연인 관련 프로그램'의 시청자들이 천인합일天人合一을 소망한다고 볼 수 있습니다. 천인합일의 '천天'과 '인人'의 의미가 하늘과 사람인가요? 그렇지 않습니다. 꽤나 깊은 의미를 지니므로, 구체적으로 살펴볼 필요가 있답니다.

'천天'은 천지만물, 우주, 자연, 자연계 등을 가리키고 '인人'은 인류, 인간, 인간계 등을 가리킵니다. 형상이 서로 다르기는 하나, 감응과 소통의 원리가 작용하기 때문에 연관성이 긴밀합니다. 그 근거로는 두 가지를 들 수 있지요. 양자 모두 태극太極의 사덕四德을 근원으로 하기 때문에 궁극적인 근원이 동일하고, 기氣를 바탕으로 하며 태극의 이理를 개체의 성性으로 삼기 때문에 질료가 동일하답니다. 양자가 내재적으로 긴밀하다고 해서 실제로 긴밀하지는 않아요. 인人마다 기질의 높낮이가 달라서 이런 현상이 나타난답니다. 기질이 낮은 경우에는 인욕人欲이 천리天理보다 더 강합니다. 다시 말해, 인욕이 천리를 가려버린다고 할 수 있겠지요.

현대인은 거의 대부분 인욕으로부터 자유롭지 못합니다. 보다 더 높은 위치를 확보하고자 하고 보다 더 많이 재화財貨를 소유하고자 애쓰는 한, 인욕의 굴레에 갇혀 있을 수밖에 없죠. 실상이 이렇다고 해서 '천天'과 '인人'의 내재적 긴밀성이 사라지지는 않지요. 인욕으로 인해 '천天'과 '인人'의 관계가 끊어졌을망정, 본원으로 회귀하려는 소망은 여전하지요. 아니 어쩌면 더욱 더 강렬해진다고 할 수 있겠지요. '자연인 관련 프로그램'의 시청자들은 바로 이런 소망을 가졌다고 할 수 있어요. 자연인의 삶에서 천인합일의 가능성을 발견하고, 그 자신 또한 동참하고 싶어 하기 때문에 '자연인 관련 프로그램'을 즐겨보지 않을까 해요. 시청률은 이렇게 해서 높아지겠지요.

참고사항 2

성리학자라면 누구나 천인합일에 대해 언급하게 마련입니다. 천인합일 사상이 성리학의 제일 명제이기 때문입니다. 정주程朱의 견해를 통해 확인해볼까요. 정호程顥는 "하늘과 사람은 본래 둘이 아니다.(천인본무이天人本無二·『어록語錄』)"라고 했고, 주자는 "하늘과 사람은 하나이다.(천인일물天人一物·『주자어류朱子語類』)"라고 했어요. 하늘과 사람이 서로 가깝다고 하지 않고 하늘과 사람이 하나라고 했다는 점이 의미심장합니다. 왜 그럴까요? 두 가지 정도의 이유를 찾아볼 수 있어요. 한 가지는 하늘과 사람이 하나가 되지 못하고 있는 현실을 비판하기 위함이요, 다른 한 가지는 사람을 중심으로 하여 천지만물을 이해하기 위함입니다. 전자의 경우에는 인욕을 제거해야 한다고 강조하고 후자의 경우에는 '사람의 마음이 우주(심위태극心爲太極)'라고 강조하지요.

B. 관련 이론

◇ 소강절邵康節의 심위태극론心爲太極論

'마음이 곧 광대무변한 우주다.'라고 하는 의미. 즉, 남과 내가 없고 안과 밖이 없고 형체의 나뉘짐이 없는 마음의 미분화 상태를 가리킵니다.

◇ 동중서董仲舒의 천인감응설天人感應說

　동중서는 중국 전한시대의 유학자. 인간은 천天의 일부분이므로 인간 행위의 정당성은 천天의 유행에서 찾아야 한다고 합니다.

◇ 이색李穡의 천인무간설天人無間說

　천天과 인人이 둘이 아니라 하나라고 하는 주장. 천天과 인人 사이에 하등의 틈새가 없다고 합니다.

◇ 도가道家의 물아일체설物我一體說

　유가의 '천인합일'과 대응되는 개념. '자연물과 자아가 하나가 된다.'는 뜻으로서, 대상에 완전히 몰입된 경지를 가리킵니다. 단, 도가에서는 자연 중심적 개념이지만, 유가에서는 인간중심적 개념으로 사용합니다.

C. 점검과 확장

1) 〈12번 길 : 자연인 관련 프로그램을 왜 즐겨 보는가?〉는 천인합일설天人合一說에 대한 문제입니다. 인간존재의 성性은 만물에 내재된 생生의 본질과 동일합니다. 개체의 본질이 곧 전체의 본질이지요. 용어를 다시 분별해보면 개체의 본질을 가리켜 말할 때는 성性이라고 하고 만물 전체로서의 본질을 가리켜 말할 때는 하늘의 작용이라는 의미로서 천명天命이라고 하지요. 『중용』의 "하늘이 명한 것을 성이라고 한다.(천명지위성天命之謂性)"가 바로 그런 의미이지요. 문제는 인욕과 만물 전체로서의 본질은 상극이라는 데 있지요. 인욕이 발생하면 인간은 만물 전체로서의 본질 즉 천명을 잃어버리고 만답니다. 천명을 잃은 자는 천명을 그리워하거나 갈구하겠지요. 자연인 관련 프로그램을 즐겨 시청하는 자들이 바로 그렇지 않을까요?

2) 인간이 만물 전체로서의 본질을 회복하면 곧 천인합일이 됩니다. 주돈이周敦頤의 〈태극도설太極圖說〉에서 "성인은 천지와 그 덕을

합하고 일월과 그 밝음을 합하고 사시와 그 차례를 합하고 귀신과 그 길흉을 합한다.(성인여천지합기덕聖人與天地合其德 일월합기명日月合其明 사시합기서四時合其序 귀신합기길흉鬼神合其吉凶)"고 했는데, 이 성인의 경지가 바로 천인합일이겠지요. 천인합일이라고 하면 천天의 의지를 인간이 따라야 한다는 뜻으로 보아야 하겠으나, 인人을 격상시켜 천天에 대응시킨 의도가 심상치 않지요. 가치론적으로 볼 때, 인人이야말로 만물의 영장이요 우주적 존재라는 의도가 있을 듯하네요.

3) 문명이 발달하면서 천인합일사상과 상반되는 징후가 나타나고 있지요. 환경오염이 그 대표적인 사례입니다. 주지하다시피 인간은 경제적 동물이지요. 이익을 삶의 제1 가치로 삼으면서부터 그만 만물 전체로서의 본질을 잃어버리고 말았어요. 다시 말해, 천명을 상실하고 말았지요. 매캐한 공기와 오염된 물이 인간의 주변을 에워싸고 있는데, 어찌 '천지와 그 덕을 합하고 일월과 그 밝음을 합하고 사시와 그 차례를 합하는' 천인합일의 과업을 실현할 수 있을까요? 문제의 답은 명확합니다. 인욕을 줄이거나 없애거나 하는 길밖에 없습니다.

D. 연습 문제

1) 천인합일설에는 인간 중심적 가치관이 담겼다고 할 수 있습니다. '천天'과 '인人'의 근원이나 질료가 동일하다고 하는 논법에서 그런 측면이 발견됩니다. 이와 같은 논법은 도가의 '물아일체설'과 유사하면서도 상이합니다. 어떻게 유사하면서도 상이할까요?

2) 퇴계 이황의 별명은 산새[산금山禽]랍니다. 이 별명은 애초에 이준경李浚慶이 붙였지요. 즉, 이준경이 '퇴계는 산새와 같아 붙잡아서 길들일 수 없다.'라고 한 데서 산새라는 별명이 나왔으니, 이 산새라는 별명에는 조롱의 의미가 들어 있어요. 그런데도 불구하고, 퇴계는 이 별명에 매력을 느끼고 그 스스로 여러 번 인용했답니

다. 산새라는 별명이 자기 자신의 지향가치를 잘 드러낸다고 여겼기 때문이겠죠. 퇴계의 별명인 산새를 천인합일과 연관 지워 설명해 보세요.

13번 길 : 잡념을 없애주기 때문에

◀ 문제확인 ▶

◈ 활쏘기가 왜 정신 건강에 좋은가?

  K씨는 요즈음 이런저런 일로 정신이 산만해졌습니다. 친구로부터 국궁장國弓場에 가서 활쏘기를 해보라는 권유를 받았습니다. 처음에는 일주일에 한 번 정도 출입하다가 요즈음에는 일주일에 3회 정도 출입합니다. 자주 출입하는 까닭은 활쏘기가 정신 건강에 좋다고 확신했기 때문입니다. 활쏘기가 왜 정신 건강에 좋을까요?

A. 이정표

◀ 짧고 얕은 길 ▶

조선시대까지만 하더라도 활쏘기는 군사무예였습니다. 무과武科 시험과목 중의 하나였다는 점과 각종 무예 훈련교범에서도 중요하게 다루었다는 점이 그 증거입니다. 무예로서의 효용성이 사라진 오늘날에도 활쏘기는 여전히 각광받고 있습니다. 그 이유가 무엇일까요?

활쏘기 그 자체로서의 효능을 인정받았기 때문이 아닐까 합니다. 활쏘기를 지속적으로 하면 팔과 다리에 근력이 생기고 신체 전체의 자세가 올바르게 교정됩니다. 그뿐이겠습니까? 과녁을 정확하게 맞추기 위해서는 정신을 집중해야 합니다. 정신을 집중하다 보면, 세상살이의 잡념을 떨쳐내고 무아지경에 빠지게 됩니다. 이 정도에서 그치지 않지요. 한 발 두 발 맞추다 보면 흥미가 소록소록 생겨납니다. 정확하게 맞추는 행위만큼 신나는 일이 또 어디 있겠습니까?

이렇게 보면, 활쏘기의 효능은 세 가지군요. 신체 단련, 정신 집중, 흥미 추구가 그것입니다. K씨가 정신 건강에 도움이 되기 때문에 활쏘기를 한다고 했으니, 일단 정신 집중의 효능 때문에 활쏘기를 지속한다고 할 수 있습니다. 이렇게만 이해하면 될까요? 다소 부족합니다. 신체가 강건하지 않고서는 정신을 집중하기 어렵고 흥미를 느끼지 않고서는 활쏘기를 지속할 수 없다고 볼 때, 신체 단련과 흥미 추구라는 효능이 정신 집중의 효능을 뒷받침하고 있다고 이해해야 부족함이 없어집니다.

참고사항 1

요즈음 활쏘기만 잘 해도, 돈도 많이 벌고 전국민의 총아寵兒도 될 수 있지요. 유능한 올림픽 양궁 국가대표를 생각해 보세요. 올림픽 양궁경기에 출전해서 금메달이라도 획득하면 포상금에다 연금에다 후원금이 마구 쏟아져 들어온답니다.

『동국이상국집東國李相國集』〈동명왕편東明王篇〉의 주인공 고주몽高朱蒙은 이 방면의 원조라고 할 수 있겠지요. '주몽'이란 '활을 잘 쏘는 사람'이라는 부여어夫餘語로서, 활쏘기의 달인에게 붙이는 타이틀입니다. 오늘날로 치면 씨름 시합의 챔피언인 '천하장사'와 유사한 명칭이겠지요. 이름이 주몽이 될 정도이니, 활쏘기를 얼마나 잘했는지를 알 수 있습니다. 나이 7세에 활과 화살을 직접 만들어 쏘았고, 날아다니는 파리들을 백발백중으로 맞혔다고 합니다. 활쏘기로 비류국 송양왕의 기를 꺾어놓았고, 마침내 고구려 건국의 기틀을 마련하게 됩니다, 활쏘기가 모든 것을 이루게 했다고 할 수는 없지만, 건국의 위업을 달성하는 원동력이었음은 분명합니다. 고주몽의 존재는 고주몽 그 혼자만으로 끝나지 않습니다. 한민족의 수장으로 만주대륙을 평정했으므로, 고주몽의 활 솜씨는 다름 아닌 '한민족의 기상'을 표상합니다.

이런 '한민족의 기상'은 김한민 감독의 영화 〈최종병기 활〉에서 되살아납니다. 병자호란 시에 의연하게 일어선 신궁 남이(박해일 분)가 청국의 신궁 쥬신타(류승룡 분)를 물리친다고 하니, '한민족의 기상'이 신궁 남이를 통해 표출되었다고 할 만합니다. 활쏘기는 단순한 심신 단련의 운동기구가 아닙니다. 민족의 기상을 드러내는 매체이기도 하다는 점에서, 정체성과 민족성의 표상이라고 할 수 있습니다.

◀ 길고 그윽한 길 ▶

활쏘기는 무인들뿐만 아니라 문인들도 즐겼습니다. 문인들이 왜 즐겼을까요? 인성 함양을 하기 위함이랍니다. 주지하다시피 인성은 본연지성과 기질지성을 포괄하는 개념입니다. 본연지성은 선한 상태이기만 하고 기질지성은 선과 악이 뒤섞인 상태입니다. 활쏘기를 하면 기질지성의 악한 기미幾微가 사라지고 선하기만 한 본연지성과 선한 측면의 기질지성이 보존·함양될 수 있습니다.

활쏘기가 이런 효능을 가지는 이유는 무엇일까요? 우선, 거경居敬을 생각해볼 수 있습니다. '거경'이란 '경'에 입각한 상태로서, 세상살이의 번뇌와 잡념을 없애고 오로지 과녁에 마음을 집중시키는 데 도움을 줍니다. '거경'이 활쏘기의 조건이므로, 활쏘기를 한다면 궁수가 '거경'을 실천한다고 보아도 좋을 것 같습니다. 그 다음으로, 반구저기反求諸己를 생각해볼 수 있습니다. 옛 스승들은 유가 덕목의 실현을 활쏘기에 많이 비유했습니다. 인仁을 베풀었음에도 불구하고 상대방의 반응이 없다고 할 때, 옛 스승들은 '활이 과녁에 맞지 않는 원인이 궁수의 자세가 나쁘기 때문이듯이 상대방의 반응이 없는 원인이 인仁을 베푸는 자세가 나쁘기 때문이라고 여기고 그 자신을 반성하라!'고 가르쳤습니다. 『중용』의 '사유사군자론射有似君子論'과 『맹자』의 '인자여사론仁者如射論'에는 이와 같은 '반구저기'의 덕목이 담겨 있답니다.

K씨가 활쏘기를 높게 평가하는 이유는 어느 정도 드러났네요. 활쏘기가 '거경'과 '반구저기'의 덕목을 유발한다고 볼 때, K씨가 활쏘기를 지속하는 이유는 '거경'과 '반구저기'의 덕목을 실천하기 위함이라고 여겨집니다.

참고사항 2

율곡 이이李珥의 여러 저서 중 윤리교화서인 『학교모범學校模範』이 있습니다. 이 명저는 1582년에 왕명을 받아 저술한 교육훈규敎育訓規랍니다. 이 명저의 제3 〈독서조讀書條〉에 활쏘기와 연관된 내용이 들어 있습니다. "글 읽는 여가에 간혹 기예를 즐기되 거문고타기, 활쏘기, 투호 등은 좋으나 모두 각자의 법도가 있으니 때가 아니거든 유희하지 말고, 장기나 바둑 등의 잡된 놀이에 눈을 돌려 실제의 공부에 방해가 되게 해서는 안 된다.(독서지가讀書之暇 시혹유예時或遊藝 여탄금습사彈琴習射 투호등사投壺等事 각유의구각각유의구각각유의구有儀矩各各有儀矩各各有儀矩 비시물롱非時勿弄 약박혁등잡희若博弈等雜戱 즉불가우목이방실공則不可寓目以妨實功"고 하는 언급이 그것입니다.

이 언급을 들여다보면, 놀이가 두 가지로 구분되네요. '즐길 수 있는 놀이'와 '즐겨서는 안 될 놀이'가 그것입니다. 활쏘기는 거문고타기와 투호와 함께 '즐길 수 있는 놀이'에 포함되고, 장기와 바둑은 이른바 '잡희'로 일컬어지면서 '즐겨서는 안 될 놀이'로 분류되는군요. 거문고타기와 활쏘기와 투호가 왜 '즐길 수 있는 놀이'로 분류될까요? 거문고타기는 정서를 순화하여 정심正心에 이르게 하고, 활쏘기와 투호는 '거경'과 '반구저기'에 이르게 하기 때문입니다. 이렇게 보면 율곡은 활쏘기를 가볍게 보지 않았네요. 옛 스승의 가르침을 따라 '활쏘기가 인성 함양에 유용하다'고 판단했으리라 여겨집니다.

B. 관련 이론

◇ 공자의 회사후소론繪事後素論

『논어』〈팔일편八佾篇〉에 나옵니다. '그림 그리는 일은 흰 바탕을 마련한 다음에 해야 한다.'고 하는 의미. 내적인 아름다움을 먼저 갖춘 다음에 외적인 아름다움을 가꿀 수 있다는 취지가 담겨 있습니다.

◇ 이덕무의 대국패멸론對局敗滅論

『청장관전서靑莊館全書』〈사소절士小節〉에 나옵니다. '부자간 그리고 노주간에 장기와 바둑 대결을 하면 명교가 패멸된다.'고 하는 의미. '사느냐 죽느냐, 이기느냐 지느냐'의 승부 다툼이 본성 함양에 도움이 되지 않음을 시사합니다.

◇ 『예기禮記』〈사의射儀〉의 사자인도론射者仁道論

'활쏘기는 인仁의 길을 실천하는 길이다.'고 하는 의미. 몸을 바르게 하고 마음을 바르게 해야 과녁을 맞춘다고 하는 취지가 담겨 있습니다. 이 취지를 강화하기 위해 '궁수를 군자의 모습에 비유한 공자의 논의'까지 동원하고 있습니다.

C. 점검과 확장

1) 〈13번 길 : 활쏘기가 왜 정신 건강에 좋은가?〉는 활쏘기와 인성 함양의 관계를 다룬 문제입니다. 옛 스승들에 의하면, 활쏘기가 기질지성의 악한 기미를 사라지게 한다고 합니다. 그 이유가 '거경'과 '반구저기'를 실천하기 때문이라고 하네요. 활쏘기의 효능이 오늘날에도 인정받는다는 점에서, 활쏘기 교육을 대대적으로 시행하여 인성교육의 불씨를 지펴볼 필요가 있습니다. 이 문제에는 인성교육의 불씨를 지피고자 하는 출제자의 바람이 들어 있다고 할 만합니다.

2) 옛 스승들은 대부분 바둑과 장기에 대해서는 부정적입니다. 이덕무의 견해에 의하면, 바둑과 장기는 위계를 무너뜨리고 승부 다툼을 속성으로 하기 때문에 본성 함양에 도움이 되지 않는다고 합니다. 이와는 다른 견해도 있습니다. 문재인 대통령은 화성시 바둑대축제의 축사에서 "저는 바둑을 통해 크게 보고, 멀리 내다보고, 전체를 보고, 꼼수가 정수를 이길 수 없는 인생 교훈을 배웠습니다."라고 하면서 "바둑은 인성을 키우고 정서를 함양하는 데 좋은 두뇌스포츠라고 할 수 있습니다."라고 했습니다. 양자가 상반되는 까닭은 시대 풍조와 무관하지 않다고 봅니다. 예전과는 달리, 오늘날의 경우는 위계나 승부다툼이 문제로 인식되지 않고 있습니다. 예전과 오늘날의 풍조를 견주어가면서 옛 스승의 가르침을 수용하면 좋으리라 봅니다.

3) 최근, 활쏘기를 교기校技로 채택하는 학교가 늘어나고 있습니다. 교기 채택의 이유로는 인성 함양에 도움이 되기 때문이라고 합니다. 옛 스승들의 가르침에 부합하는 좋은 명분이로군요. 명분에 내실이 따르고 있을까요? 언론 보도에 의하면, 그렇지 않다는 진단이 나오고 있습니다. 명분을 내세운다면 내실의 중요성도 인식하고 있을 터인데, 중요하다고 인식만 하고 정작 내실을 기하지 않았기 때문으로 보입니다. 지행호진知行互進의 차원에 입각해서 내실이 명분을 따라잡을 수 있도록 해야 하겠습니다.

D. 연습 문제

1) 율곡 이이의 『학교모범』〈독서조〉에서는 '장기와 바둑 등의 잡희'를 '즐겨서는 안 될 놀이'로 분류하고 있습니다. 왜 장기와 바둑을 '즐겨서는 안 될 놀이'로 분류하는지 그 이유를 설명해 보세요.

2) 조선중기의 시인인 옥담玉潭 이응희李應禧는 『옥담사집玉潭私集』을 창작했습니다. 이 시집의 연작시 〈만물편萬物篇〉에는 280수가 담겨 있는데, 그 가운데 박(博:주사위놀이)이라는 작품이 있습니다. 그 내용을 소개하면 다음과 같습니다. 내용의 의미가 무엇인지를 설명하고, 이에 대한 자신의 견해를 밝혀보세요.

> 주사위놀이는 어느 때 만들어졌는가? 다투어 즐김은 온 세상이 다 같다. 마음을 모아 오백(五白 : 젓가락 다섯 개의 흰 부분)을 기원하고 힘껏 던지며 삼홍(三紅 : 젓가락 세 개의 붉은 부분)을 외치누나. 화각소리 울리는 한가한 밤동네, 높은 누각에서 긴긴 날 마치도록 이기고 짐이 비록 아무 소용없지만, 낮잠을 자는 것보다는 나으리.(육박성하대六博成何代 쟁추거세동爭趨擧世同 잠심기오백潛心祈五白 분비규삼홍奮臂叫三紅 화각한소동畫角閑宵洞 고루영일종高樓永日終 승패수무보勝敗雖無補 현호주침농賢乎晝寢濃)

14번 길 : 나는 산이 되고 산은 내가 되는 경지

◀ 문제확인 ▶

◈ 등산, 인간존재를 어떤 경지에 이르게 하나?

옛 스승들은 제자들에게 등산을 적극적으로 권장했답니다.

등산이 인간존재를 어떤 경지에 이르게 한다고 믿기에 적극적으로 권장할까요?

A. 이정표

◀ 짧고 얕은 길 ▶

흔히들 산을 오르면 몸이 건강해지고 마음이 밝아진다고 합니다. '마음이 밝아진다.'고 하는 언급이 '인성 함양'을 가리킵니다. 등산이 어떻게 해서 인성을 함양시킨다고 할까요? 첫째, 몸이 마음에 영향을 끼치기 때문이겠지요. 산을 오르면 몸이 건강해지고 몸이 건강해지면 마음이 밝아질 수밖에 없답니다. 둘째, 산에서 자연과 하나가 되는 기분을 느낀답니다. 야생화가 있는 곳에서는 야생화가 되고 나무가 있는 곳에서는 나무가 될 때, 당연히 자연과 하나가 되는 기분을 느끼겠지요. 셋째, 산의 정상에서 인간존재의 위상을 다시 생각하게 됩니다. 평소에는 크디큰 건물들이 아주 작다고 느끼면서 인간존재 또한 되돌아보곤 하지요. 위대하다고 여겼던 인간이 사실은 미약하기 짝이 없다는 것을. 넷째, 우주의 싱그러운 대향연에 참여하게 됩니다. 등산객을 푸르게 물들이는 싱싱한 나뭇잎, 갈댓잎을 스치는 바람소리, 방긋방긋 웃는 야생화 행렬 등이 대향연으로 이끄는 안내자랍니다. 이와 같은 요인 네 가지를 모든 등산객이 다 가질까요? 요인 네 가지를 모두 가지기도 하겠고, 어느 한두 가지만 가지기도 하겠지요. 네 가지 요인 모두를 가졌다면 어떤 경지라고 할 수 있을까요? 한 마디로 정리해 보지요. "나는 산이 되고 산은 내가 되는 경지"

참고사항 1

대부분의 등산객은 그 자신과 대면하기 위해 산을 오릅니다. 평소에는 잔뜩 분장한 채로 살기 때문에 그 자신을 대면할 수가 없지요. 분장을 지우지 못하면, 자기 자신을 속이고 남을 속이며 적당하게 일상을 살아갑니다.

이석훈 감독의 영화 〈히말라야〉는 이런 내용을 확인하기에 아주 적절한 자료입니다. 이 영화에서는 등반대장 엄홍길이 눈보라 속에서 동료를 잃고 시체를 그대로 둔 채 눈물을 흘리며 되돌아온다는 내용을 담고 있습니다. 실패한 등반이라고 해야 할까요? 얼핏 보면 실패한 듯하나, 그렇지가 않습니다. 등반대장 엄홍길의 말은 의문 해결의 열쇠가 됩니다. 엄 대장은 "너무너무 힘들고 고통스러울 때 제가 몰랐던 제 얼굴이 나옵니다. 비로소 가면을 벗는 거지요. 아마도 대부분의 사람들은 제 민낯을 모른 채 살아가고 있는지도 모릅니다."라고 했어요. 이 말을 뜯어보면 산이 아주 위대한 교훈을 선사하는군요. 산이야말로 엄 대장에게 그 본인의 민낯을 처음으로 보게 해 주었으니까요. 엄 대장으로서는 실패도 하고 성공도 했군요. 소중한 동료를 잃었으니 겉으로는 크게 실패했다고 할 수 있지만, 처음으로 자기의 민낯을 보았으니 속으로는 크게 성공했다고 할 수 있겠지요.

산을 오르기만 하면 누구나 자기의 민낯을 볼 수 있는가요? 그렇지는 않습니다. 민낯을 보기 위해서는 아주 많은 땀을 흘려야 합니다. 땀을 많이 흘리면 흘릴수록 얼굴의 분장을 말끔하게 지울 수 있을 테니까요. 장 마크 발레 감독의 영화 〈와일드〉에서는 트레일 참여자의 민낯을 특히 많이 강조하지요. 주인공 셰릴은 죽음의 트레일 코스인 PCT(Pacific Crest Trail)에 참여하기를 자청합니다. 몸에 찌든 모든 독소를 말끔하게 뽑아내기 위함이지요. 그 결과, 자기의 정체성을 완전하게 회복했답니다. 이 모든 기적이 산에서 시작됩니다. 산이 나를 그 자신의 일부로 만들기도 하고, 그 자신의 밖으로 나를 내치기도 하지요.

◀ 길고 그윽한 길 ▶

옛 스승들은 양졸養拙하기 위해 산을 오른다고 합니다. 왜 등산하는지를 밝히는 언급이기에 눈여겨볼 필요가 있습니다. 등산의 이유가 산 그 자체 때문이 아니라 '양졸' 때문이라는 취지가 되지요. '양졸'이란 '졸박拙朴 기르기'를 가리킵니다. 그렇다면 '졸박'이 무엇인지부터 알아야 하겠네요. '졸박'이란 '꾸미지 않고 순박하다.'는 의미로서, 본연지성을 가리킵니다. 본연지성이 순선무악하기 때문에, '졸박'과 의미가 같거든요. 결국, '양졸'이란 '졸박 기르기'이니, '본연지성 기르기, 즉 본성 함양'이라는 의미가 되는군요.

왜 산에 오르는데, 본성이 함양될까요? 정이程頤의 성즉리설性卽理說에 의하면 산 그 자체와 산의 초목이 지닌 천성은 인간존재의 천성과 동일합니다. 천성의 우주적 원천은 천리天理입니다. 산이 솔박하게 천리를 간직하고 있으므로, 예로부터 천리를 체인하려는 자들은 산에 들어가 산 그 자체와 산의 초목을 대상으로 격물 공부를 했지요. 격물 공부의 목적은 '만물이 살려고 하는 이치'인 '생생지리生生之理, 즉 생의生意'를 체인하기 위함이지요. '생의'를 주자의 가르침대로 표현하면 인仁이라고 할 수 있답니다. 주자가 '인仁'을 '생의로서의 천지생물지심天地生物之心'이라고 했거든요. 옛 스승들에 의거해서 등산의 목적을 정리하면, 솔박을 기르고 인仁을 체인하기 위함이라 할 수 있겠네요.

참고사항 2

양졸과 인仁의 체인이 어떤 관계일까요? 인仁을 체인하기 위한 전단계가 졸박 기르기, 즉 양졸이라고 합니다. 양졸의 상태이어야, 인仁으로 나아갈 수 있는 토대가 마련된다고 보면 되겠지요.

어떻게 해야 양졸이 될까요? 해당 사물의 본질을 투시하고 다른 사물과의 관계 속에서 그 해당 사물의 위상이나 이치를 파악해야 합니다. 가령, 나무를 볼 때 해당 사물을 지배하는 생생지리生生之理, 즉 생의生意를 간취하고, 자기 자신의 본연지성과 일치시켜 나가면 됩니다. 자기 자신의 본연지성과 일치시켜 나가지 않는다면 나무는 나무이고 자기 자신은 자기 자신일 따름이지요. 나무의 생의와 자기 자신의 본연지성을 일치시킬 때, 비로소 개체와 개체가 연대하여 우주적 차원의 유기체적 질서를 이룬다고 할 수 있겠지요. 정황이 이러하므로, 생생지리를 간취한 자라면 일단 양졸의 경지에 올랐다고 해도 좋겠지요.

이정자, 주자, 퇴계 등의 정통 성리학자들은 양졸의 경지에 오른 자들입니다. 하나같이 해당 사물을 다른 사물과의 관계 속에서 우주적 차원의 유기체적 질서를 모색하기 때문이거든요.

B. 관련 이론

◇ 주周 소공召公의 완물상지론玩物喪志論

『서경書經』〈여오편旅獒篇〉에 나옵니다. '물건 가지고 놀기에 정신이 팔려 소중한 자기의 본마음을 잃어버린다.'고 하는 의미. 주 무왕에게 여旅나라의 사신이 큰 개 한 마리를 바치자 무왕이 기뻐하며 큰 선물을 내렸다고 해요. 이때 소공이 글을 올려 "완인상덕 완물상지(玩人喪德 玩物喪志 : 사람을 얕잡아보고 대충 대하면 덕을 잃고, 재물에만 의존해서 좌지우지하면 뜻을 잃어버린다.)"라고 했답니다. 이 말을 들은 무왕은 자신의 잘못을 깨닫고 정치에만 전념했다고 합니다. 산을 오를 때 수양은 하지 않고 수목이나 화초에 눈이 팔린다면 '완물상지'라고 할 수 있겠지요.

◇ 공자의 인자요산론仁者樂山論

『논어』〈옹야편〉에 나옵니다. '어진 자는 산을 좋아한다.'고 하는 의미. 어진 사람은 의리에 만족하여 몸가짐이 진중하고 심덕이 두텁게 마련인데, 그 두터운 심덕이 마치 우뚝 솟은 산과 같답니다. 이런 심덕을 가진 사람은 자연히 산을 좋아하겠지요.

◇ 퇴계 이황의 심여리일설心與理一說

『퇴계전서』권24·25, 〈답정자중별지答鄭子中別紙〉에 나옵니다. '마음을 수양하면 만물에 대한 이치가 밝아져서 마음과 이치가 하나가 된다.'고 하는 의미. 정호鄭顥가 〈식인편識仁篇〉에서 최초로 언급했고 퇴계가 이를 수용하여 인론仁論의 핵심 용어로 삼았습니다.

C. 점검과 확장

1) 〈14번 길 : 등산, 인간존재를 어떤 경지에 이르게 하나?〉는 등산과 인성 함양의 관계를 다룬 문제입니다. 등산을 신체 동작으로 생각해버리면 이 문제는 풀 수 없습니다. 등산과 인성 함양이 별

개가 되어 버리기 때문이지요. 등산이 마음공부와 연관되는 줄을 알아야 비로소 눈제를 풀 수 있습니다.

2) 옛 스승들은 등산을 독서와 견주기도 했답니다. 퇴계 이황이 〈독서여유산讀書如遊山〉이라는 시를 지어 발표하고 문하생들이 즐겨 활용하면서, 〈독서여유산〉이라는 시는 마치 퇴계학파의 브랜드처럼 되어 버렸습니다. 이 시의 제목을 풀이하면, '독서는 유산과 같다.'는 의미가 됩니다. 독서와 유산이 어찌 같을까요? 비교 대상이 너무 거리가 멀기 때문에 선뜻 공통점이 떠오르지 않지요. 전혀 관련 없는 두 대상을 비교하라고 하니, '만화와 마네킹의 공통점은 무엇인가?'라고 하는 문제와 유사하네요. 이런 문제일수록 차근차근 생각해 보아야 하겠지요. 우선, 독서와 유산은 그 주체가 동일합니다. 독서를 끝까지 하는 행위도 그 자신에게 달렸고, 산을 끝까지 오르는 행위도 그 자신에게 달렸거든요. 그 다음으로, 학문이 한 단계씩 진척되는 과정은 산을 한 걸음씩 올라가는 과정과 동일합니다. '천릿길도 한 걸음부터!'라고 하는 속담처럼, 아래에서부터 점차적으로 위로, 쉬운 데서부터 점차적으로 어려운 데로 나아가야 하거든요.

3) 남명 조식은 지리산 등정登頂을 12번이나 했다고 해요. 이런 분이 다음과 같이 언급했답니다. "명산에 들어간 사람 중에 누가 마음을 깨끗하게 씻고 싶지 않겠는가마는, 결국 군자는 군자가 되고 소인은 소인이 될 뿐이다. 한번 햇볕을 쬐는 정도로는 유익함이 없다.(입명산자입名山者 수부세탁기심誰不洗濯其心 궁자위왈소인호肯自謂曰小人乎 필경군자위군자畢竟君子爲君子 소인위소인小人爲小人 가견일폭지무익야可見一曝之無益也·『남명집南冥集』유두류록遊頭流錄)"라고. 정말 멋진 언급입니다. 지속적으로 등산해서 심신을 수양해야, 양졸하고 인仁을 체인할 수 있다는 의미가 되거든요.

D. 연습 문제

1) 옛 스승들은 '등산이 인성 함양에 영향을 미친다.'고 했습니다. 이런 가르침이 오늘날에 제대로 구현되지 않고 있습니다. 즉, 어느 누구도 등산해서 인仁을 체인하는 경지에까지 오르겠다고 하는 사람이 없지요. 어떤 마음가짐을 가져야 옛 스승이 가르쳐주는 등산의 의의를 구현할 수 있을까요?

2) 공자는 "지혜로운 사람은 물을 좋아하고 어진 사람은 산을 좋아한다.(지자요수知者樂水 인자요산仁者樂山·『논어論語』옹야雍也)"라고 했습니다. 왜 지혜로운 사람이 물을 좋아한다고 하고 어진 사람이 산을 좋아한다고 했는지, 그 이유를 설명해 보세요.

15번 길 : 인욕을 없애고 본성을 기른다.

◀ 문제확인 ▶

◆ 강태공의 곧은 바늘, 무엇을 의미하는가?

흔히들 낚시꾼을 일러 강태공이라고 하지요. 오늘날에도 이런 강태공이 많이 보이지만, 과거의 강태공과 일치하지는 않습니다. 과거의 강태공은 은나라 말기의 은자隱者였지요. 위수渭水라는 강가에서 곧은 바늘로 낚시 하다가 주 무왕周武王을 만나 드디어 재상의 위치에 오른답니다. 오늘날의 강태공은 굽은 바늘로 낚시를 하지만, 과거의 강태공은 곧은 바늘로 낚시를 했네요. 이런 정황을 참조하여 강태공이 곧은 바늘이 무엇을 의미하는지를 인성론적 차원에서 설명해 보세요.

A. 이정표

◀ 짧고 얕은 길 ▶

일반적으로 강태공이 세월을 낚았다고 하지요. '세월을 낚는다.'라는 언급이 무슨 의미를 담고 있을까요? 혹자는 '유유자적悠悠自適'과 동의어라고 하지만, 적합도가 100%는 아닙니다. 곧은 바늘로 낚시질한 세월이 수십 년임을 감안할 때, 유유자적이라는 언급으로 감당할 수 없습니다. 유유자적, 즉 '아무 속박 없이 자유롭게 살았다.'고 하기 위해서는 목적의식이 없어야 할 터인데, 강태공은 목적의식이 분명히 있었답니다.

강태공의 이름은 여상呂尙입니다. 여상은 폭군 주왕紂王이 은殷을 통치하기 때문에 은殷이 망해야 한다고 여기고 새 나라를 건설할 영웅을 기다렸지요. 그 세월이 장장 수십 년이랍니다. 굽은 바늘로는 물고기를 낚되 영웅은 낚을 수 없습니다. 곧은 바늘로는 물고기를 낚지 못하되 영웅은 낚을 수 있다고 볼 때, 여상이 영웅을 낚기 위해 그 많은 세월을 보냈다고 할 수 있겠지요. 이 점에서, '세월을 낚는다.'라는 언급은 '영웅이 낚일 때를 기다린다.'라는 의미를 지닌다고 할 수 있어요.

때를 기다리는 자세! 인성론적으로는 당연히 큰 의의를 지니겠지요. 강태공의 곧은 바늘이 '청빈하고 곧은 생활을 유지하며 끝까지 참고 기다리는 마음과 몸짓'을 상징하기 때문이랍니다. 수십 년간이나 이와 같은 마음과 몸짓으로 때가 오기를 기다렸다면, 그만큼 자기 신뢰가 철저했다는 의미가 됩니다. 유유자적해 보이는 강태공이 사실은 정신 무장이 철저하고 자기 자신에게 무한 신뢰를 보낸 영웅이라고 볼 수 있습니다.

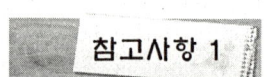

참고사항 1

자기 자신을 신뢰하지 않는 사람은 참을성이 없답니다. 누군가를 기다린다고 할 때, 자기 자신을 신뢰하지 않는 사람은 상대방에게 초점을 맞추어서 올 것인지 오지 않을 것인지를 판단하지 않습니다. 본인에게 초점을 맞추어 상대방을 기다려야 옳은지 그른지를 분별하느라고 여념이 없지요. 자기 확신이 없으니, 부정적인 방향으로 결론을 내겠지요. 자기를 확신하는 사람은 정반대의 결론을 냅니다. 상대방의 지향가치에 맞추어 끈질기게 기다리겠다고 하는 결론을.

민족시인 이육사의 〈광야〉를 봅시다. "백마 타고 오는 초인"에 대한 자기 확신이 너무나 강하기 때문에, 설사 그 초인이 "천고의 뒤에" 온다고 하더라도 기다릴 수 있습니다. 초인을 기다리는 동안 "눈", 즉 엄청난 시련과 고통이 밀려온다고 하더라도 문제가 되지 않습니다. 초인이 오면 엄청난 시련과 고통은 엄청난 영광과 환희로 바뀌어 버릴 테니까요.

황지우의 시 〈너를 기다리는 동안〉은 이런 상황을 잘 형상화하고 있습니다. "오지 않는 너를 기다리며/ 마침내 나는 너에게 가고/ 아주 오랜 세월을 다하여/ 너는 지금 오고 있다./ 아주 먼 데서/ 지금도 천천히 오고 있는 너를/ 너를 기다리는 동안/ 나도 가고 있다."라는 시구가 주목할 만합니다. 상대방이 반드시 오리라는 확신과 그 자신에 대한 신뢰감이 어우러져서, 기다림의 시간을 축복의 시간으로 만듭니다. 자기 자신에 대한 확신이 '참고 기다릴 수 있는 힘'을 부여한다고 해도 좋을 것 같습니다.

〈길고 그윽한 길〉
강태공은 낚싯대의 굽은 바늘을 펴서 곧은 바늘로 만들었습니다. '굽은 바늘'은 '인욕'을 가리키고, '곧은 바늘'은 '무욕'을 가리킵니다. '곧은 바늘'로써 수십 년의 세월을 기다렸으니, 무욕의 세월이 장장 수십 년간이었네요. 강태공의 뚝심 하나는 그야말로 대단합니다. 기약 없는 세월을 기다리며 얼마나 자기 자신을 다독거렸겠습니까? 부인이 견디다 못해 도망을 갔을 때는 더 이상 영웅을 기다리고 싶지 않았겠지만, 강태공은 그렇게 하지 않았습니다. 추측이기는 하나, 인적·물적 자원을 정비하며 자기 본성을 펼치게 해줄 영웅을 기다렸을 듯합니다.

주자는 이런 강태공을 아주 후하게 평가했지요. "행동 하나하나가

사사로운 인욕이 아닌 공정한 천리에서 나와, 상도常道와 권도權道 그 어느 쪽도 버리지 않았다.(출어천리지공出於天理之公 비유어인욕지사 非由於人欲之私 경권병행經權並行 불가편폐不可偏廢·『회암집晦庵集』백이태공불상패론伯夷太公不相悖論)"가 그것입니다. 주자 이래, 수많은 학자와 시인이 강태공을 마찬가지로 칭송했답니다. 두보杜甫는 시에서 "아직도 종남산을 그리워하여 머리 돌려 맑은 위수 바라보네.(상련종남산尙憐終南山 회수청위빈回首淸渭濱·『두공부집杜工部集』증위좌승贈韋左丞)"라고 하며 위수의 강태공을 닮고자 했습니다.

물론, 인성론적으로 볼 때, 극찬만 하고 있을 수는 없지요. 강태공이 자기 관리에는 철저했지만, 충심忠心이 두텁지는 않았습니다. 조국을 부정하고 군주를 내쫓았다는 점이 그 근거이지요. 주왕이 폭군이기는 해도 어디까지나 군주였거든요. 이 점에서 주자의 언급은 정곡을 찔렀네요. "강태공이 권도權道에 능한 인재이기는 했으나, 시의 적절하게 행동한 성인聖人은 아니었다.(태공달권지재太公達權之才 이위지성지시즉비야而謂之聖之時則非也·『회암집晦庵集』백이태공불상패론伯夷太公不相悖論)".

참고사항 2

흔히들 강태공과 백이伯夷를 많이 비교하지요. 강태공과 백이는 같은 시대, 같은 나라에서 살았답니다. 즉, 은나라 마지막 군주인 주왕의 시대에 함께 살았지요. 두 사람 모두 주왕이 폭군이어서 멀리 피해 있었으니, 행적까지도 같다고 할 수 있겠네요. 무왕武王이 목야牧野에서 주왕과 전투를 벌이면서부터 두 사람은 엇갈리고 말았어요. 강태공은 무왕을 도와 전장에서 위용을 발휘하고자 했지만, 백이는 말고삐를 잡고 무왕의 출전을 만류했답니다. 그 이후의 결과는 너무나 뻔하겠지요. 강태공이 제나라의 임금으로 봉해졌을 때, 백이는 수양산에서 고사리를 캐며 간신히 연명하고 있었습니다.

두 사람이 무왕과 어떤 인연을 맺느냐에 따라 인생이 완전히 달라지고 말았네요. 의리를 중시하는 후대의 성리학자들은 강태공을 인재人才라고 지칭하기는 했지만, 인류의 스승이라고 하지는 않았답니다. 반면, 백이를 인재라고 하지는 않았지만, 인류의 영원한 스승이라고 극찬했답니다. 여러분은 어느 쪽의 삶이 더 바람직하다고 여기십니까?

B. 관련 이론

◇ 유언충劉彦冲의 '태공조어 원자상구'론 '太公釣魚願者上鉤'論

청대淸代 화가인 유언충의 〈유음수조柳蔭垂釣〉 선면扇面에 나옵니다. '강태공姜太公의 곧은 낚시에도 스스로 원하는 자는 걸려든다.'의 의미. 주 문왕이 강태공의 곧은 낚시에 걸려들었다고 해서 생겨난 말이랍니다.

◇ 왕가王嘉의 복수불반분론覆水不返盆論

『습유기拾遺記』에 나옵니다. '엎질러진 물은 다시 그릇에 담을 수 없다.'의 의미. 강태공이 제나라의 임금이 되어 고향으로 돌아갈 때 예전에 자기를 버리고 떠나간 옛 부인에게 한 말이라고 합니다. 한 번 저지른 일은 다시 어찌 할 수 없다는 취지가 담겨 있지요.

◇ 예수의 '사람을 낚는 어부'론

『신약성경』〈마태복음〉5장에 나옵니다. 예수가 갈릴리 호숫가에서 시몬과 그의 동생 안드레아에게 한 말로서, '남의 마음을 얻는 사람'이라는 의미를 담고 있습니다. 즉, 남의 마음을 낚아서 본인이 행복하고 본인의 마음이 낚여서 남을 행복하게 만드는 사람이 바로 '사람을 낚는 어부'랍니다. 이런 논리는 '강태공의 곧은 낚시'와 매우 유사하네요. 강태공이 곧은 낚시로 주 문왕의 마음을 낚았거든요.

C. 점검과 확장

1) 〈15번 길 : 강태공의 곧은 바늘, 무엇을 의미하는가?〉는 상도常道와 권도權道에 대한 문제입니다. 강태공은 비록 폭군이기는 해도 자기네 군주였던 주왕을 내쫓았기 때문에 상도가 아닌 권도를 구사했다고 볼 수 있지요. 이 점에서 상도를 추구했던 백이와는 판이하지요. 강태공을 권도의 차원에서 접근할 때 답변을 손쉽게 할 수 있답니다.

2) 역대 선비들은 나름대로의 출처관出處觀을 가지고 있었지요. 출처관이란 나라와 백성을 위해 자신의 신념을 실현할 것인가 말 것인가에 대한 관점을 일컫는 용어입니다. 나아가면 '출出'이 되고 머무르면 '처處'가 되지요. 일반적으로 '출出'을 언급할 때는 강태공의 이름을 많이 거론합니다. 강태공의 낚시질을 '출'의 수단으로 여기기 때문이겠지요. 그 사례는 부지기수이지만, 여기에서는 두 가지만 소개해 볼게요. 고려시대 이규보李奎報의 『동국이상국집東國李相國集』〈조명풍조釣名諷〉과 조선시대 이황의 『퇴계전서』〈언행록言行錄〉이 그것입니다. 이 두 사례에서는 강태공의 이름을 거명하면서 오랜 기다림 끝에 '출出'의 상황이 도래했음을 시사하고 있어요. 부러움이 배인 듯한 느낌이 살짝 들기도 하네요.

3) 강태공의 이름을 거론하는 자들은 은연중 부러움을 표출하곤 하지요. 무엇에 대한 부러움일까요? 강태공 그 사람을 부러워할까요? 아닙니다. 실제적으로 이루기 어려운 '출出'에 대한 부러움이라고 해야 정확합니다. 강태공의 나이를 생각해보면 '출出'이 얼마나 어려운지를 알 수 있지요. 나이 80세가 될 때까지 '출出'의 계기를 기다렸으니, 가히 오랜 기다림 끝에 뜻을 이루었다고 할 만합니다. 만약, 강태공이 뜻을 이루지 못했다고 한다면 '강태공'이라는 이름도 세상에 알려지지 않았을 것입니다. '출出'로 인해 강태공의 이름이 아주 넓게 알려졌다고 볼 때, '출出'에 대한 칭송이 없을 수가 없겠지요.

D. 연습 문제

1) 흔히들 낚시꾼을 강태공이라고 부릅니다. 오늘날의 강태공과 실제의 강태공은 같고 다른 점이 있어요. 무엇이 같고 다른지를 두 가지 이상씩 지적해 보세요.

2) 강태공이 제나라 임금이 되었을 때 집을 나간 부인 마씨가 찾아오자 '복수불반분覆水不返盆論'이라고 하며 받아들이지 않았다고 해요. 부인에 대한 강태공의 처사가 정당한가요, 정당하지 못한가요? 이에 대한 견해를 인성론의 관점에서 밝혀 보세요.

4. 탐구생활

16번 길 : 인간과 하늘이 같기 때문에

◀ 문제확인 ▶

◈ 본성이 왜 하늘의 이치인가?

어떤 상담사가 자기 존재를 비하하는 사람에게 "'나의 본성이 곧 하늘의 이치다.'라고 여기며 사세요."라고 조언했다고 합니다. '나의 본성이 곧 하늘의 이치다.'라는 명제가 무슨 의미이며, 인간존재의 어떤 측면을 설명하는 말일까요?

A. 이정표

◀ 짧고 얕은 길 ▶

'나의 본성이 곧 하늘의 이치다.'라는 명제에는 인간과 하늘이 별개가 아니라는 전제가 깔려 있습니다. 물론, 하늘은 언제나 선하지만, 인간은 언제나 선하게 행동하지는 않지요. 인간은 선한 본성을 지니기도 했지만, 선하지 않은 본성도 동시에 지니기도 했거든요. 선하지 않은 본성이 선한 본성을 가로막으면 문제가 생깁니다. 문제란 악한 행동을 가리킵니다. 이런 정황을 감안할 때, '나의 본성이 곧 하늘의 이치다.'라는 명제는 '선한 본성이 선하지 않은 본성을 억눌렀다.'고 하는 의미를 지닙니다. 〈문제16〉의 상담사는 성선설에 입각해 있군요. '나의 본성이 곧 하늘의 이치다.'라는 명제가 바로 그 근거랍니다. 즉, '자기의 선한 본성이 위대한 줄을 깨닫고, 선한 본성이 선하지 않은 본성을 언제나 이기도록 애쓰라! 그러기 위해서는 선한 본성을 보존하는 데서 만족하지 말고 함양하기 위해 힘쓰지 않으면 안 된다.'라고 하는 취지를 담고 있지요. 상담사가 성선설의 차원에서 선한 본성을 함양하고 확충하기를 권면勸勉한다고 보면 틀림없겠지요.

참고사항 1

동서양에서는 문학이나 예술의 영역에서 선한 본성과 악한 본성의 관계를 흔하게 다루고 있어요. 대체로 선한 본성이 악한 본성에게 밀린다고 해요. 악한 본성의 위력이 만만치 않다는 의미가 되겠지요.

중세미술에서는 악이 선에게 밀리지 않는다고 하며, 선과 악의 치열한 대결을 '프시코마키아(psychomachia)'라고 부른답니다. 악이 강렬하면 독자성을 지니기도 합니다. 로버트 루이스 스티븐슨의 소설 『지킬박사와 하이드』의 '하이드'가 그런 인물이지요. 악한 본성이 마음의 통제선을 뚫고 '하이드'라는 악한惡漢으로 탄생했지요. 혹자는 악한 본성이 난무하는 까닭을 악마의 충동질에서 찾고 있기도 합니다.

프란시스 로렌스 감독의 초자연적 미스테리 영화 〈콘스탄틴〉에서 그런 내용이 나옵니다. 주인공 콘스탄틴은 악마를 물리치면서 이렇게 말합니다.

"인간은 선하지만 약하다. 그래서 악마는 인간 본연에 깊이 숨은 악의 잔재물을 모아, 인간을 범죄의 세계에 인도한다."

서양 이상으로 동양에서도 선과 악의 관계를 지속적으로 다루어 왔지요. 설총의 『화왕계花王戒』에서 시작된 선과 악의 대결은 이른바 천군소설 天君小說이라는 형태로 나타납니다. 〈천군전天君傳〉, 〈수성지愁城誌〉, 〈천군연의天君演義〉, 〈의승기義勝記〉, 〈남령전南靈傳〉, 〈천군본기天君本紀〉, 〈천군실록天君實錄〉이 그것입니다. 천군소설에서는 선한 본성이 승리하기까지 악한 본성에 의해 얼마나 위협받는지를 생생하게 형상화합니다. 선한 본성이 악한 본성을 이겨야 '나의 본성이 곧 하늘의 이치다.'라는 말이 성립한다고 볼 때, '나의 본성'이 '하늘의 이치 되기'가 얼마나 어려운지를 가늠할 수 있습니다.

◀ 길고 그윽한 길 ▶

'나의 본성이 곧 하늘의 이치다.'를 간추리면 '인성=천리'가 되지요. 곧 성즉리설性卽理說이랍니다. 성즉리설은 인간의 품격을 엄청나게 높여놓은 명제입니다. 인人을 천天의 위상에 올려다 맞추어 놓았기 때문이지요. '성즉리'의 '성'이 중요한 개념입니다. 장재張載의 견해에 의거해서 성性을 본연지성과 기질지성으로 나눈다면, '성즉리'의 '성'은 본연지성을 가리키는 용어가 됩니다. 성즉리의 개념을 보다 잘 이해하기 위해서는 정이程頤의 견해를 주목할 필요가 있습니다. 정이는 심心을 '형기形氣에서 나온 인심人心'과 '의리義理에서 나온 도심道心'으로 구별하고, 도심이 바로 성性에 해당한다고 했습니다. 물론, 성즉리설이 인간의 품격을 높이기만 하지는 않았어요. 인人이 천天이 되도록 추동하기 때문에 인간에게 엄청난 과제를 동시에 안겨주었다고 할 수 있어요.

참고사항 2

성즉리설은 '있는 것'이 아닌, '있어야 할 것'을 지향합니다. 인간은 어느 누구나 삿된 욕망, 즉 인욕人欲으로부터 자유롭지 못하지요. 일평생 부단히 수양해야 소기의 목적을 달성한다고 할 때, '있는 것'은 삿된 욕망이고 '있어야 할 것'은 천리天理 체인體認의 경지입니다. 만약, 고도의 수양으로 천리 체인의 경지에 올라갔다고 하더라도 수시로 발동하는 인욕에 휩싸이기만 하면 원위치에 되돌아오고 말지요.

이 점에서 성리학적 수양인은 그리스 〈시지프스신화〉의 시지프스와 같습니다. 시지프스는 명계冥界의 높은 바위산에서 끊임없이 돌을 굴러올리는 자입니다. 하늘이 없는 공간, 측량할 길 없는 시간과 싸우면서. 불가능하다고 해서 포기할 수는 없겠지요. 시지프스가 소기의 목적을 이루겠다고 하는 소망을 가지고 자꾸만 돌을 굴러 올리듯이, 성리학적 수양인도 천리 체인의 경지에 오르겠다고 하는 소망을 가지고 자기 수양에 매진합니다. 소망이 있는 한, 그 땀은 값지다고 할 수 있습니다.

B. 관련 이론

◇ 정이程頤의 성즉리설性卽理說

<의미와 의의>

1) '성性이 곧 이理다.'라는 의미. 이때의 성性이란 본연지성本然之性을 가리킨다.
2) 나의 본성이 자연의 이법理法이라고 함으로써 인성론과 우주론을 조화시키고 있다.
3) 인간과 우주의 동일성을 천명한 개념이다. 성리학의 제일 명제라고 할 수 있다.
4) '있어야 할 것'의 가치를 표방하기 때문에 엄숙한 도덕적 이상주의의 토대가 된다.

5) 인성의 보존과 함양이 곧 우주의 창조에 능동적으로 참여한다는 의미가 된다.
6) 인간 존재를 우주적 존재로 격상시키는 동시에 일평생 도덕적 수양을 해야 하는 과제도 안겨다 주었다.

〈수양이 필요한 이유〉
1) 성性은 심心 안에 들어 있다. 심心에는 성性뿐만 정情도 있어 있다.(심통성정설心統性情說)
2) 정情이 문제를 일으킨다. 정情이란 운동하는 성性 즉 기질지성氣質之性으로서 본연지성의 구현을 방해한다.
3) 기질지성은 인욕人欲을 낳고 인욕은 본연지성을 가려버린다. 인욕을 걷어내고 그 근거인 기질지성을 제어하기 위해서는 수양하는 길밖에 없다. 대표적인 수양 방법으로는 격물궁리格物窮理를 들 수 있다.

〈『하남정씨유서』 인용〉
1) 성性은 곧 이치다. 천하의 이치는 그 유래된 곳을 캐어보면 선하지 않은 것이 없다.
2) 성性은 곧 이理다. 이理는 요순 같은 성인에서 길거리에 다니는 사람에게 이르기까지 한결같다.
3) 군자가 짐승과 다른 까닭은 인의仁義의 본성이 있기 때문이다. 인의란 사람의 도리를 다하는 것이고, 사람이 도리를 다하면 성인이라 부를 수 있다.

C. 점검과 확장

1) 〈16번 길 : 인성이 왜 하늘의 이치인가?〉는 성즉리설性卽理說에 대한 문제입니다. 인성과 천리를 일치시키기 때문에 이렇게 볼 수 있습니다. 인성을 보존하고 함양하면 우주적 화육사업에 능동적으로 참여한다는 의미가 되므로, 인간의 가치가 엄청나게 높아졌네요.

2) 성즉리설은 왕수인王守仁의 심즉리설心卽理說과 대응됩니다. 성즉리설에서는 인간의 본성에 하늘의 이치가 담겼다고 보고, 심즉리설에서는 인간의 마음이 곧 이치라고 봅니다. 두 학설은 성性과 심心에서 큰 차이를 드러냅니다. 성性은 본성으로서 만물이 가지고 있습니다. 사람, 짐승, 나무, 풀 등이 모두 본성을 지녔습니다. 이에 반해, 심心은 마음으로서 나 자신이 가지고 있습니다. 따라서 성즉리설은 만물을 이해하거나 탐구하여 이치를 찾아야 한다는 명제이고, 심즉리설은 나 자신으로부터 이치를 찾아야 한다는 명제입니다.

3) 정자나 주자는 성즉리설을 구현하기 위해서는 인욕을 버려야 한다고 역설합니다. 인욕을 버려야 인성이 천리가 될 수 있거든요. 인욕을 제거할 수 있을까요? 인성 곧 성性은 기氣에 내재해 있지요. 기질 혹은 기질지성에서 인욕이 발생하므로, 인성과 인욕은 떼어낼래야 떼어낼 수 없는 관계랍니다. 그런데도 성리학자들은 하나같이 인욕을 줄이든지 제거하든지 해야 한다고 하지요. 오늘날의 관점에서 보면 도덕과 욕망은 본질적으로 얽혀 있는 바인데, 도덕으로부터 욕망을 떼어내려고 하면 위선僞善이 생길 수밖에 없습니다. 위선은 분파를 형성하고 분파는 새로운 욕망을 만들어내겠죠. 동서양의 논쟁이나 전쟁에서 그런 점이 드러납니다.

D. 연습 문제

1) A가 B에게 "너는 걸어다니는 우주다. 즉, 너는 우주를 품고 있다."라고 말했다고 할 때, 그 말의 의미가 무엇인지를 성즉리설의 관점에서 설명하세요.

2) 성즉리설에 의거하면, 사람이면 누구나 성인聖人의 위치에 오를 수 있습니다. 이른바 '범인위성론凡人爲聖論'이라고 하지요. 범인凡人이라 할지라도 성인이 될 수 있다고 보는 근거는 무엇일까요? 성즉리설의 논리에서 해답을 찾아 보세요.

17번 길 : 이(理)는 하나이기 때문에

◀ 문제확인 ▶

◈ 천강千江의 달이 동일한 까닭은?

경포대에 가면 달이 다섯 개가 뜬다고 하네요. 하늘의 달과 바다의 달과 호수의 달과 술잔의 달과 임의 눈동자에 뜬 달이 그것이랍니다. 대부분의 사람들은 하늘의 달과 그 나머지 달이 다르다고 하네요. 달이 떠 있는 곳이 서로 다르기 때문이겠지요. 그런데, A씨는 하늘의 달과 그 나머지 달이 근본적으로 동일하다고 하네요. 떠 있는 곳이 엄연히 서로 다른데도 불구하고 왜 근본적으로 동일하다고 할까요?

A. 이정표

◀ 짧고 얕은 길 ▶

하늘의 달이 바다, 호수, 술잔, 임의 눈동자에 비칠 때, 여러 개의 달이 나타납니다. A씨는 모든 달을 근본적으로 동일하다고 했습니다. 하늘의 달을 투사체라고 하고 바다, 호수, 술잔, 임의 눈동자에 있는 달을 피사체라고 한다면, 경중을 분별하지 않을 수 없겠지요. 즉, 투사체인 하늘의 달은 비중이 높고 피사체인 바다, 호수, 술잔, 임의 눈동자에 있는 달은 비중이 낮다고 하겠지요. 이렇게 되면, 모든 달이 근본적으로 동일하다고 하기 어렵게 됩니다. 비중을 분별하면서 근본적으로 동일하다고 할 수는 없을 테니까요. A씨는 달을 놓고 투사체와 피사체로 분별하지 않았어요. 모든 달이 근본적으로 동일하다고 하는 언급이 그런 점을 시사하지요. A씨가 달의 형상만을 보고 근본적으로 같다고 했을까요? 그렇게 볼 수는 없을 것 같습니다. '근본적으로 동일하다'는 논법으로 보아, 내공이 만만치 않아 보입니다. 아마도 '투사체와 피사체의 분별을 넘어서서 만상을 근본적으로 동일하게 판단할 수 있는 철학적 인식'을 지녔을 것 같습니다.

참고사항 1

어느 경우에나 피사체와 투사체, 현상과 본질, 복사본과 원본 간의 차이를 분별해 낼 수 있을까요? 개별적이고 사소한 대상이라면 분별할 수 있겠지만, 천지만물을 대상으로 한다면 분별해내기가 어렵습니다. 인간이 존재론적 한계를 지녔기 때문이지요.

컴퓨터 시뮬레이션의 가상현실을 예로 들어 봅시다. 컴퓨터 시뮬레이션의 세계는 가짜이고 인간 세계는 진짜라고 믿기 때문에, '가상현실'이라는 용어가 나올 수 있습니다. 과연 인간 세계가 진짜일까요? 혹시 인간 세계가 가짜일 가능성은 없을까요? 백종렬 감독의 영화 〈뷰티 인사이드〉에 의하면, 인간 세계가 가짜라고 하네요. 제3의 세계 아니면 신의 세계에서 작동시키는 컴퓨터 시뮬레이션이 인간 세계라는 거예요. 즉, 우주 전체를 시뮬레이션하는 강력한 주체가 가상세계를 인간 세계로 제시했을 수 있다고 합니다.

인간 세계가 가짜일 가능성은 문학 작품에서도 드물지 않게 다루어집니다. 가령, 보르헤스의 소설 『픽션들』〈원형의 폐허들〉에서도 그런 내용을 다루었고, 김만중의 소설 〈구운몽〉에서도 그런 내용을 다루었지요. 인간 세계가 가짜인지 진짜인지는 알기 어렵습니다. 우주 전체를 시뮬레이션할 능력이 없는 이상, 어떤 대답도 시원하게 할 수는 없지요.

설사 인간 세계가 가짜라고 하더라도 인간존재는 자기가 가짜이고 다른 쪽에 진짜가 있을지도 모른다고 여기며 가짜 편에서 진짜를 통합해내려는 노력을 할 줄 압니다. '천강의 달'은 그런 노력의 소산이 아닐까 합니다. 바다, 호수, 술잔, 임의 눈동자에 비친 달을 하늘의 달과 같게 보려는 작위성이 없지 않거든요.

◀ 길고 그윽한 길 ▶

A씨에게서 성리학적 사유가 발견됩니다. 성리학에서는 이理에 대해 '개별 사물을 초월해서 존재하는 정신적 실체로서의 성격'과 '개별 사물에 내재하여 개별 사물의 존재·운동을 규정하는 원리로서의 성격'을 지닌다고 봅니다. 주자에 의하면, 이理란 '근본이 하나이다.'라고 하는 통체일태극統體一太極과 '다양한 만물 속에서 다양하게 실현된다.'고 하는 각구일태극各具一太極으로 구분되지요. 통체일태극과 각구일태극의 근본이 같다고 하는 논리가 바로 이일분수理一分殊의 '이일理一'이지요. '이일'은 이理의 양면적 성격을 통일적으로 파악하는 논리라고 보면 되겠지요. 그렇다면 '분수分殊'는 무슨 뜻인가요? 이理는 그 구체적 존재를 구성하는 기氣와 분리될 수 없어 각 사물이 차이점을 지니게 된다는 논리입니다. A씨는 '분수'를 주목하지 않고 '이일'을 주목했기 때문에 하늘의 달과 그 나머지 달이 근본적으로 같다고 했으리라 봅니다.

참고사항 2

통체일태극은 본원적인 것이고 각구일태극은 파생적인 것이라고 볼 때, 본원적인 것과 파생적인 것 사이에 차별성이 있는지 없는지가 관심사입니다. 일반적으로는 차별성이 있다고 하겠지요. 즉, 본원적인 것인 통체일태극은 원본이므로 더 가치가 있고, 파생적인 것인 각구일태극은 복사본이기 때문에 가치가 덜하다고 할 만합니다. 당연하지요. 복사본보다는 원본이 더 가치가 있거든요.

주희는 일반적인 인식과는 다른 사유 양태를 보입니다. 통체일태극과 각구일태극이 동일하다고 하기 때문이지요. 이른바 복사본도 태극이라고 하고 원본도 태극이라고 하는 데서 그런 점이 드러납니다. 본원적인 것도 가치가 있고 파생적인 것도 가치가 있다고 한 바이니, 주희는 존재 형태를 가치 판단의 기준으로 삼지 않고 내용의 동질성을 가치 판단의 기준으로 삼았네요.

왜 이렇게 했을까요? 만물의 본질이 우주의 본체에 기원을 두고 있지만, 만물의 본질과 우주의 본체 사이에는 내용의 차이가 없으며 완전히 동일하다고 주장하기 위함이랍니다. 거시적인 시각에서 천지만물과 그 이치를 꿰뚫어본다고 하지 않을 수 없겠네요.

B. 관련 이론

◇ 정이程頤의 이일분수설理一分殊說

<이일분수설과 그림에 대한 꿀팁>

1) 이일분수설은 정이程頤가 장재張載의 〈서명西銘〉에 대한 양시楊時의 질문에 답한 〈답양시론서명서答楊時論西銘書〉에서 처음 나온다.
2) 그림을 보면, 하늘의 달이 강에 비치고 있다. '월인천강月印千江의 형상화'라고 해도 좋을 것 같다.
3) 이일분수설과 그림을 존재론·가치론과 관련지을 수 있다.

<이일분수설의 의미>

1) 인간학적 의미

'이치는 하나이되 그 나뉨은 다양하다.'의 의미.

공자의 정명론(正名論:이름에 맞게 행동함)에 대한 신유학의 번안. 정명론에 따르면, 인간의 삶이란 무수한 역할의 연속이다. 한 개인이 아버지를 만나면 아들의 역할을 해야 하고, 임금을 만나면 신하의 역할을 해야 하고, 아내를 만나면 남편의 역할을 해야 한다. 인간이 이처럼 수많은 역할을 하는 까닭은 인간의 본성에 그 모든 역할을 감당하게 하는 이치가 부여되었기 때문이라고 한다.

2) 자연과학적 의미

이理란 근본은 하나이되(통체일태극統體一太極), 다양한 만물 속에서 다양하게 실현된다.(각구일태극各具一太極).

C. 점검과 확장

1) 〈17번 길 : 천강千江의 달이 동일한 까닭은?〉는 만물지리론萬物之理論에 대한 문제입니다. 즉, 투사체와 피사체가 모두 동일한 이치를 지녔다고 보기 때문에 이런 문제가 나올 수 있습니다. 피사체의 구현 방식이 각기 다른데도 불구하고 어째서 동일한 이치를 지녔다고 할까요? 만물지리로 보면 근본적으로 동일하고 만물의 형기形氣로 보면 모두가 동일하지 않다고 하겠지요. A씨는 만물지리에 입각해 있기 때문에 모든 달이 근본적으로 동일하다고 했습니다.

2) 존재론적으로 만물지리와 형기는 분리되기 어렵지요. 만물지리와 형기가 언제나 결합되기 때문입니다. 결합되어 있다고 해서 가치의 경중이 없는 것은 아닙니다. 다시 말해, 가치론적으로 볼 때는

만물지리와 형기를 나누어서 분별해볼 수 있지요. 퇴계는 이와 같은 분별 행위를 '소지所指'라고 했어요. 사전적으로는 '기리키는 바'의 뜻이지만, 퇴계는 사전적 의미를 넘어서서 사용하고 있어요. 퇴계가 '이론적으로는 둘로 분개되지만 물리적으로는 하나로 결합되어 있는 대상을 놓고 어느 한 쪽에 주안점을 두는 행위'로 간주하므로, 사전적 의미를 훌쩍 넘어서지요.(『퇴계전서退溪全書』권卷16, 서書, 답기명언答奇明彦 논사단칠정論四端七情 제第1서書와 제第2서書)에 이 용어가 집중적으로 나타나고 있어요.

3) 이른바 '소지'는 철학적 사유방식이면서 일상생활에서도 많이 나타나지요. 가령, 누군가가 "그 사람은 정情이 많아요. 그래서 훌륭해요."라고 했다고 해 봅시다. '그 사람'이란 정만 지닌 것이 아니죠. 정 이외에 이기심이나 악습 따위를 더 지닐 수 있겠지요. 이기심이나 악습 따위를 정과 함께 생각한다면 훌륭하지 않다고 할 여지도 있어요. 정황이 이런데도 불구하고 훌륭하다고 하는 까닭은 이기심이나 악습 따위로부터 정을 분리시켜 놓고 그 자체로 판단했기 때문이 아닐까 해요. 일상생활에서 이와 같은 사례는 참으로 많지요. 철학적 사유방식인 '소지'를 생활화한다고 해도 좋을 것 같네요.

D. 연습 문제

1) 나무가지 하나를 세 마디로 잘라서 별도로 심었다고 할 때, 각 마디를 하나로 보아야 합니까? 아니면 각각 다른 것으로 보아야 합니까? 이일분수설理一分殊說의 관점에서 설명해 보세요.

2) 주돈이周敦頤는 뜨락에 나 있는 풀 한 포기조차 함부로 뽑지 않았다고 합니다. 풀 한 포기에도 성性이 있다고 여겼기 때문이지요. 정호程顥 또한 이와 마찬가지랍니다. 토끼 파는 사람을 보고 "여기에서도 팔괘八卦를 그을 수 있다."고 했습니다. 성性이 있지 않은 물物이 없음을 말했다고 여겨집니다. 이 두 사례를 이일분수의 관점에서 설명해 보세요.

18번 길 : 이치를 생생하게 파악하기 위해

◀ 문제확인 ▶

◈ 활간活看을 강조하는 이유는?

  옛 스승들은 하나같이 인성을 탐구하기 위해서는 활간해야 한다고 했습니다. 활간이란 '전후 정황을 충분히 헤아려 특정 개념의 가치나 의미를 융통성 있게 파악하는 방법'을 가리킵니다. 이 개념을 참조하여 옛 스승들이 왜 활간을 강조하는지를 설명해 보세요.

A. 이정표

◀ 짧고 얕은 길 ▶

한 사람의 인성을 놓고, 어떤 사람은 '좋다'고 하고 또 어떤 사람은 '좋지 않다'고 하는 경우가 있습니다. 평가가 엇갈리는 원인은 판단 대상이 장·단점을 모두 가지기 때문이기도 하겠으나, 상대방의 인성을 잘못 판단하기 때문이기도 하겠지요. 인간존재의 한계로 인해 후자 쪽이 전자 쪽보다 높을 가능성이 많답니다.

인성을 잘 판단하는 방법이 없을까요? 옛 스승들이 전해주는 최고의 판단방법이 있습니다. 바로 '활간'입니다. 〈문제18〉에서 설명했듯이, '활간'은 '전후 정황을 충분히 헤아려서 특정 개념의 가치나 의미를 융통성 있게 파악하는 방법'입니다. '융통성 있게 판단하는 방법'이란 '보이는 행동거지'를 통해 '보이지 않는 심성'을 판단한다는 의미입니다. 이 방법이 효과를 얻기 위해서는 판단 주체의 사적인 견해가 이입되지 않도록 해야 합니다.

쉽지는 않지요. '보이는 행동거지'를 많이 확보하되 균형 있게 안배하고, '보이지 않는 심성'을 판단할 수 있는 지식과 경험을 충분히 갖추어야 사적인 견해를 차단할 수 있거든요. 이렇게 보니, 옛 스승들은 활간을 단순하게 보지 않았습니다. '수양을 지극히 하여 사적인 견해를 철저하게 배제한 상태의 활간'이 바로 옛 스승들이 언급한 활간이었습니다.

참고사항 1

활간이 초능력을 가리킬까요? '보이지 않는 심성'을 판단한다고 하는 데 초점을 맞추면, 활간이 초능력일 수도 있겠다는 생각이 드네요. 과연 그럴까요?

초능력이라고 할 때, 극단 익스트림 플레이의 연극 〈수상한 흥신소〉가 떠오릅니다. 흥신소 주인인 오상우가 초능력을 지녔거든요. 오상우는 남들이 못 보는 영혼을 볼 줄 알고, 영혼들의 소원을 들어준답니다. 닐 버거 감독의 영화 〈리미트리스〉에 등장하는 주인공 '에디모라'도 또한 초능력의 소유자입니다. 괴상한 약을 우연히 먹었는데, 그 약이 혜안慧眼을 여는 약이었어요. 엄청난 양의 내용을 한꺼번에 떠올리게 하는 효능을 지녔거든요.

물론, 활간은 이런 초능력을 가리키지 않습니다. 태생적으로 확보하거나 우연하게 확보하는 초능력과는 달리, 활간은 경험을 축적하고 융통성을 갖추어야만 비로소 확보할 수 있거든요. 활간의 일단一端은 존 매든 감독의 영화 〈미스 슬로운〉에서 나타나고 있습니다. 주인공 '슬로운'이 그런 능력을 지녔거든요. '슬로운'은 로비스트로서 사물이나 현상의 원인과 결과를 이해하고 꿰뚫어 보는 능력, 즉 통찰력을 지녔습니다. 이런 통찰력으로 인해 열세의 편을 변호하면서도 전세를 일거에 역전시켜 버립니다. '슬로운'이 전후사前後事를 정확하게 읽고 이면에서 요동치는 역동적 기미機微를 간파한다는 점에서, '슬로운'의 통찰력을 활간 능력이라고 불러도 좋을 것 같습니다.

◀ 길고 그윽한 길 ▶

성리학에서 언급하는 인성은 본연지성과 기질지성을 포괄하는 개념입니다. 본연지성은 단순히 인간학적인 개념이 아닙니다. 인성이 천리라고 하는 '성즉리설'이나 인간의 심心이 우주라고 하는 '심위태극론'에 본연지성의 개념이 담겨 있음을 상기할 때, 본연지성은 인성론의 핵심 개념으로서 존재론(=우주론)과 긴밀히 연관된다고 할 수 있습니다. 연관성을 어떻게 파악할 것인지가 관건입니다. 높은 단계의 활간이 절실합니다. 바꾸어 말해, 낮은 단계의 활간으로는 인성을 생생하게 파악할 수가 없습니다.

주자와 퇴계를 통해 확인하기로 하겠습니다. 주자는 이理의 체體는 인정할지언정 그 용用은 인정하지 않습니다. 용用을 인정하지 않을 때 인성론적 차원의 자아自我가 천리에 도달하는 과정을 활간하기가 어렵습니다. 한편, 퇴계는 이理의 체體를 인정할 뿐만 아니라 용用

까지 인정합니다. 그 결과, 동태적 차원에서 인성론과 존재론(=우주론)을 결합시킬 수 있었지만, 동태적인 이理를 어떻게 파악할 것인가 하는 문제에 봉착하게 됩니다. 퇴계는 자아와 우주의 관계를 이理의 용用에 입각해서 활간하라고 요구했습니다. 자아의 우주화 과정과 우주의 자아화 과정이 활간의 대상이지요.

활간을 놓고, 주자와 퇴계가 견해를 달리 하고 있군요. 주자는 낮은 단계의 활간을 주장했다면, 퇴계는 높은 단계의 활간을 주장한 셈이지요. 결국, 이理의 용用을 인정하느냐 하지 않느냐에 따라 활간의 단계뿐만 아니라 이치의 생생한 파악 정도가 결정된다고 할 수 있습니다.

참고사항 2

인성론과 존재론(=우주론)을 통합시킬 수 있는 동력은 '자아의 지향성'입니다. 자아는 본질적으로 끊임없이 움직이지요. 퇴계가 남시보南時甫에게 준 〈정재기靜齋記〉에서 그런 증거를 찾아볼 수 있습니다. "[심心은] 원래 죽은 물건이 아니다. 지극히 고요한 가운데 저절로 동動의 단서가 있으니, 참으로 사事를 멀리 하고 물물을 거절하며 문을 닫고 오똑하게 앉아 정靜에 치우치는 것을 말하지 않는다.(원비사물元非死物 지정지중至靜之中 자유동지단언自有動之端焉 고비원사절물固非遠事絶物 폐목올좌이편어정지위閉目兀坐而偏於靜之謂·『퇴계전서退溪全書』권卷42, 정재기靜齋記)"라는 언급이 그것입니다. 퇴계는 남시보에게 미발未發이 동動의 단서를 지닌다고 설명했지만, 이 설명이 심心의 작용에 대한 언급인 바에야 자아론의 성격도 동시에 보유한다고 볼 수 있습니다. 즉, 미발이 동動의 단서를 지닌다면 '외부세계에 직·간접적으로 반응하는 인식의 주체'인 자아가 미발시부터 이미 지향성의 단초를 지닌다고 해도 무방합니다. 자아의 지향성은 미발에서부터 나타나므로, 미발의 공부인 계신공구戒愼恐懼의 수양이 자아의 지향성을 도모하는 공부도 된다고 할 수 있습니다.

B. 관련 이론

◇ **주자의 활간론**活看論

해당 대목을 인용해 보겠습니다. "문자는 반드시 유동적으로 보아야 합니다. 이것은 이것에 나아가 설명하고 저것은 저것에 나아가 설명하는 것이니, 고정적으로 볼 수는 없습니다.(문자수활간文字須活看 차차취차설此且就此說 피측취피설就彼說 부가사간不可死看·『주자어류朱子語類』권卷5, 성리性理)"가 그것입니다. 여기에 '활간'이라는 용어와 그 반의어인 '사간死看'이라는 용어가 나오네요. 활간은 '대상을 융통성 있게 바라보기'이고, 사간은 '대상을 고정시켜서 바라보기'랍니다.

◇ **퇴계 이황의 활간독서론**活看讀書論

퇴계는 독서론에서 활간독서법의 개념, 근거, 범주, 가치 등을 설명하는 데 주안점을 둡니다. 그 개념은 '이치에 입각해서 활간하고 본질 파악하기'이고, 그 근거는 '성즉리설'과 '심위태극론'이고, 그 범주는 의미론과 체용론과 이기론의 전 영역이고, 그 가치는 '자아의 우주화 및 우주의 자아화'입니다. 문인들과 주고받은 편지, 이른바 여답서與答書에 이런 내용들이 담겨 있습니다.

◇ **남명 조식의 독서 지향가치론**讀書 志向價値論

남명 독서법의 지향가치는 인도人道입니다. 독서법인 자유소득自有所得, 상석이배常繹以培, 상명실득講明實得이 그런 점을 시사합니다. 하학인사下學人事 없이 상달천리上達天理가 없다는 논법이 나타나기 때문에, 남명 독서법의 상달천리란 인성에 갖추어진 인의예지의 도리 즉 인도人道에 다름 아닙니다. 인도는 하늘이 부여했음을 상기할 때, 인도의 발명發明은 천도天道의 구현일 뿐 아니라 경험적 차원에서 천도에 도달하는 최선의 방안이 됩니다.

C. 점검과 확장

1) 〈18번 길 : 활간活看을 강조하는 이유는?〉는 인성의 파악방법에 대한 문제입니다. '보이는 행동거지'를 통해 '보이지 않는 심성'을 파악하고자 하기 때문에 대상을 융통성 있게 파악하는 활간이 반드시 필요합니다. 활간에는 두 가지 유형이 있답니다. 낮은 단계의 활간과 높은 단계의 활간이 그것입니다. 이 문제는 활간의 중요성을 환기시키며, 개념, 근거, 범주, 가치 등을 깊이 생각하게 합니다.

2) 원시유학시대에는 자아의 범주가 협소했습니다. 공자와 맹자의 자아론을 통해 이 점을 확인해볼 필요가 있습니다. 공자는 자신이 하늘로부터 덕德을 받았다고 하면서 자아를 하늘의 측면에서 보았고, 맹자는 호연지기浩然之氣가 우주로까지 뻗어나간다고 하면서 자아를 사람의 측면에서 보았습니다. 공자는 자아를 좁게 파악하고 맹자는 자아를 넓게 파악한다고 할 수 있으나, 이런 차이는 상대적인 차이에 불과합니다. 신유학시대에 이르면 사정이 사뭇 달라집니다. 자아론의 범위가 확장된 것이지요. 성즉리설을 통해 인륜과 도덕에 존재론과 우주론을 접목시키면서 자아론이 확장될 수 있었답니다. 인성론적 차원의 자아론이 우주론적 차원의 자아론이기도 했고, 우주론적 차원의 자아론이 인성론적 차원의 자아론이기도 했기 때문이었습니다. 이런 토대 위에 퇴계의 거대 자아론이 싹틀 수 있었다고 여겨집니다.

3) 오늘날, 인성을 파악할 때나 사물을 파악할 때나 간에 활간을 하지 않습니다. 서구 학문의 이입으로 인해 성리학적 사유방식이 폐기되고 말았기 때문입니다. 당연히 성리학적 사유방식의 하나인 활간 또한 이어질 수 없겠지요. 이런 정황을 잘 알지 못하는 현대인은 이치를 생생하게 파악하는 방법 즉 활간방법이 동양의 전통에는 없다고 여기고 서구로부터 수입하려고만 합니다. 명상이니 요가니 하는 수련 방법이 그 대표적인 예입니다. 집안에 비싼 보

물이 있는 줄 모르고 외부로부터 값싼 제품을 사들이는 현상이 이와 같습니다. 옛 스승들이 전해준 보물, 즉 활간방법을 발굴하고 계승해야 할 필요성이 여기서 제기됩니다.

D. 연습 문제

1) 오늘날, '독서'라는 용어와 '활간'이라는 용어의 관계가 긴밀해 보이지 않습니다. 그만큼 활간독서가 잘 이루어지지 않고 있다는 증거이겠지요. 활간독서가 이루어지지 않는 원인을 진단하고, 활간독서를 생활화할 수 있는 방안이 무엇인지를 제시해 보세요.

2) 인식 주체인 자아를 내세울 때 성즉리설을 설명하기 용이합니다. 아래 글에 나타난 성리학적 자아의 개념에 입각해서 성즉리설을 설명해 보세요.

> **본성이 왜 하늘의 이치인가?**
>
> 자아는 심心의 이理를 운반하는 도구이다. 가령, 이理가 기氣를 억누를 때 자아가 등장하여 이理의 운동을 뒷받침하고 이理로서의 태극太極이 유행할 때 자아가 등장하여 태극의 운동을 뒷받침한다. 정황이 이러하므로, 자아 없이는 이理의 확장성을 상정하기가 어렵다.

19번 길 : 교육으로 인성을 바로잡을 수 있다.

◀ 문제확인 ▶

◈ 흉악한 살인범 교도, 효과가 있겠는가?

근래 들어, 흉악한 살인사건이 빈발하고 있습니다. 일각에서는 일벌백계식으로 사형에 처해야 한다고 주장하고 있으나, 오히려 정부는 사형제도 폐지를 표방하고 있습니다. 사형제도를 폐지해야 한다고 하는 까닭은 여러 가지이지만, 그 중에서 간과할 수 없는 까닭이 하나 있답니다. 흉악한 살인범도 교도하면 올바른 시민으로 되돌아간다고 하는 믿음이 그것입니다. 교도 효과가 과연 있을까요? 인성론적 차원에서 물음에 답해 보세요.

A. 이정표

◀ 짧고 얕은 길 ▶

 인성은 사전적으로 '사람의 성품'을 의미합니다. 성품으로서의 인성은 선善할까요, 악惡할까요, 아니면 선하지도 악하지도 않을까요? 어느 쪽이느냐 따라 교도 효과에 대한 판단이 달라지겠지요. 선하다면 교도 효과가 있을 것이요, 악하다면 교도 효과가 없을 것이요, 선하지도 않고 악하지도 않다면 어떤 방법을 구사하느냐에 따라 교도 효과가 있기도 하고 없기도 하겠지요. 인간 본성을 파악하기가 쉽지 않기 때문에 교도 효과 또한 쉽사리 언급하기가 어렵겠습니다.

 2015년 7월 21일에 공표된 〈인성교육진흥법〉을 들여다볼까요. 〈인성교육진흥법〉에서는 모든 국민들에게 인성을 교육시켜 예禮, 효孝, 정직, 책임, 존중, 배려, 소통, 협동 등의 8대 덕목을 구현하게 하겠다는 목표를 설정하고 있습니다. 인성교육만 강조하고 정작 인성 그 자체가 무엇인지는 밝히지 않았지만, 짐작해볼 수는 있어요. 교육을 통해 인성을 함양할 수 있다고 한 점, 모든 국민이 인성교육의 대상이라고 한 점, 인성교육을 잘 받으면 누구나 8대 덕목을 구현할 수 있다고 한 점을 토대로 할 때, 인성이 전적으로 악하다고 인식되지는 않고 있습니다. 즉, 전적으로 선善하다고 인식하거나 최소한 선善한 측면과 악惡한 측면을 모두 지녔다고 인식한다고 할 수 있겠네요. 둘 모두 선善을 공유하는 바이므로, 교육으로 선善의 영역을 넓혀야 한다는 언급이 가능해집니다.

 성선설을 받아들이는 이상, 무조건 교도 효과가 있다고 보아야 하겠지요. 비록 흉악한 살인범이라 할지라도 예외가 아닙니다. 제 아무리 흉악하다고 한들 태생적으로 선善을 지닌 바이므로, 그 선善에 기반을 둔다면 얼마든지 교도해낼 수 있습니다. 결국, 교도할 수 있느냐가 문제가 아니라, 교도를 어떻게 하느냐가 문제가 되겠지요.

참고사항 1

성선설에 의하면, 인간은 근본적으로 악하지 않습니다. 악한 환경에 오랫동안 노출되었기 때문에 악하게 변해갔을 따름입니다. 좋은 환경이 주어진다면 당연히 원래의 선한 상태로 되돌아오겠지요.

송해성 감독의 영화 〈우리들의 행복한 시간〉은 그런 정황을 잘 담고 있습니다. 이 영화에는 비운의 사형수 윤수와 자살 미수자 유정이 등장합니다. 처음에는 수녀인 유정 고모의 주선으로 마지못해 대면했지만, 나중에는 유정 고모의 주선 없이도 기꺼이 대면합니다. 윤수는 유정의 고백을 듣고 진심 어린 눈물을 흘리고, 유정은 윤수로부터 꼬여버린 삶의 이야기를 듣고는 가슴이 먹먹해집니다. 상처를 상처로써 서로 위로하고 다독이는 동안, 절망은 어느덧 행복으로 바뀌어갑니다. 말이 자꾸 많아지고, 가슴이 자주 뜨거워지고, 눈물이 점점 많아집니다. 악한 마음이 눈 녹듯 사그러들었다는 방증이겠지요. 선한 마음은 그리움을 부르고 사랑을 만들어내고 새로운 희망을 줍니다. 두 사람이 드디어 살고 싶어 하는 데서 이 점이 잘 드러납니다. 엄청난 변화가 아닐 수 없습니다. 사랑이 넘치는 환경에 놓이니 악한 본성이 사라지고, 악한 본성이 사라지니 삶의 애착이 강해졌다고나 할까요.

환경과 인성의 관계를 잘 보여주는 영화는 이뿐만이 아닙니다. 콜렛 세라 감독의 영화 〈언노운〉도 이런 유형에 속합니다. 주인공은 암살조직의 두목으로서, 기억을 상실한 다음부터 영 딴판으로 변해 버려요. 자기의 암살조직을 소탕하는 데 앞장을 서거든요. 기억상실증이 계기가 되어, 악한 본성은 사라지고 착한 본성이 자리를 잡았다고 볼 수 있겠지요. 이런 사례를 보면 인간의 본성에는 분명히 선한 측면이 있습니다. 선한 측면이 있으니, 잘 교도하기만 하면 갱생의 길을 훌륭하게 걸을 수 있으리라고 봅니다.

◀ 길고 그윽한 길 ▶

동양의 인성론은 세 가닥으로 이루어져 있습니다. 세 가닥이란 맹자의 성선설性善說과 순자荀子의 성악설性惡說과 고자告子의 성무선무불선론性無善無不善論입니다. 이 세 가닥은 원시유학시대에 이루어졌지만, 원시유학시대에만 국한되지 않았습니다. 즉, 각각의 가닥이 덩어리를 형성하며 신유학시대로까지 이어지기 때문에 유형적 성격을 강하게 지닌다고 할 수 있습니다. 신유학시대 인성론인 성이원론性二元論, 성즉리설性卽理說, 심통성정설心統性情說 등이 바로 원시유학시대 인성론의 영향을 받아 이루어졌답니다.

신유학시대에 이르러 성리학자들이 맹자의 성선설을 정통으로 인정하기는 했어도 순자의 성악설과 고자의 성무선무불선론을 배척하지는 않았습니다. 맹자의 성선설만으로는 인성을 죄다 설명할 수 없었기 때문이겠지요. 인성론의 유형이 세 가닥이라면 어느 쪽을 택하느냐에 따라 문제의 답이 달라질 듯하나, 그렇지는 않습니다. 어느 가닥에서든 간에 본성을 바꿀 수 있다고 하거든요. 즉, 교육으로 심心에 있는 악惡을 없애기만 하면 인성을 바로잡을 수 있다고 했습니다.

교육을 어떻게 해야 악을 제거할 수 있을까요? 경敬으로 천리를 밝혀 선단善端을 넓혀야 한다고 합니다. 선단이 넓어져야 악이 들어설 자리가 없어진다는 취지이겠지요. 이런 각도에서 볼 때, 아무리 흉악한 살인범이라고 할지라도 교도의 대상이 됩니다. 인성이 교도에 의해 바뀔 수 있고 넓어질 수 있기 때문입니다.

참고사항 1

선한 본성을 보존하고 함양하기 위해서는 어떻게 해야 할까요? 인성론자들의 견해를 수합하면 세 가지의 처방이 도출됩니다.

첫째, 쉼 없는 수양과 학습을 해야 합니다. 인욕을 쓸어내는 수단이 수양괴 학습이거든요. 만약 인욕을 방치하면 악이 되고 그 악은 본성을 갉아먹기 때문에, 수양과 학습이 빗자루와 같은 구실을 해야 합니다. 즉 수양과 학습으로 인욕을 쓸어내고 또 쓸어내어야 합니다. 둘째, '마음을 하나로 모으는 정신 작용'이 필요합니다. '경敬'이 바로 그것이지요. '경'은 심心의 주재자이기도 하고 사려私慮 혹은 사려邪慮를 제거하는 특효약이기도 합니다. 사려는 본성을 악하게 만드는 끈질기고도 흉포한 주범이기 때문에, 반드시 특효약인 '경'으로 제거하지 않으면 안 됩니다. 셋째, 도덕을 최고 가치로 여겨야 합니다. 도덕이란 개인과 개인, 개인과 사회, 개인과 삼라만상 간에 '있거나 있어야 할 규범'을 가리킵니다. 맹자의 '인의예지'와 순자의 '위僞'와 장자의 '중례中禮'와 정자의 '정심正心'과 주자의 '멸인욕滅人欲'이 그 예입니다.

세 가지 처방은 선택 사항이 아닙니다. 세 가지 처방을 모두 구사할 때, 인간은 비로소 의리적 본성을 지닌 고차원의 존재가 될 수 있습니다.

B. 관련 이론

◇ 맹자의 선단설善端說

'인간의 본성이 선한 단초를 지니고 있다.'는 의미. 성선설과 거의 동의어로 보아야 합니다. 성선설이라고 하면 인간의 본성이 100% 선하다는 느낌을 주지만, 맹자는 인간의 본성이 100% 선하다고 하지는 않았습니다. 본성이 선한 단초를 지녔다고 하며 존심양성存心養性으로 100% 선하도록 노력하라고 했으므로, 성선설보다 선단설이 맹자의 의중을 더 잘 반영한다고 할 수 있습니다.

◇ 순자의 화성기위론化性起僞論

'교육으로 본성을 바꾸어 인위를 일으킨다.'는 의미. '위僞'가 '선善하고자 하는 적극적인 인간 활동'을 가리키므로, '위'를 '인성 개조 교육'으로 이해해도 좋을 것 같습니다. 즉, 교육만이 본성을 바꿀 수 있다고 하는 취지이지요. 인성 개조의 가능성을 전제로 한다는 점에서, 인성을 100% 악하다고 보지 않는다고 할 수 있지요.

◇ **주자의 조존성찰론**操存省察論

'흩어지는 마음을 붙잡고 자신을 깊이 반성한다.'는 의미. 공자가 '조존操存'을 거론하고 맹자가 '성찰省察'을 거론한 바인데, 주자가 이를 조합해서 '조존성찰'이라고 하고 그 의미를 체계화했습니다. 즉, 마음을 주재主宰하는 경敬의 역할을 '조존'과 '성찰'로 나누어 설명했지요. '조존'은 고요할 때 경敬이 수행하는 역할이고, '성찰'은 활동할 때 경敬이 수행하는 역할이랍니다.

C. 점검과 확장

1) 〈19번 길 : 흉악한 살인범 교도, 효과가 있겠는가?〉는 교도와 인성의 관계를 다룬 문제입니다. 동양의 인성론에 의거하면 본성이 개조될 수 있다고 합니다. 모든 인성론에서 교육의 필요성을 강조하는 까닭이 여기에 있습니다. 흉악한 살인범이라고 해서 다를 것이 없습니다. 교도를 통해 얼마든지 인성을 바꿀 수 있다고 보니까요. 이 점을 주목할 필요가 있습니다.

2) 〈인성교육진흥법〉의 8대 덕목은 인성교육의 방법일까요, 인성교육의 목적일까요? 포털사이트나 논문에서 마치 인성교육의 방법인 듯이 거론하는 경우가 있어요. 분명히 언급하건대, 방법이 아니라 목적입니다. 〈인성교육진흥법〉의 제2조 2항에서 인성교육의 목적이라고 분명히 밝히고 있거든요. 8대 덕목이 전부 인성교육의 목적이라고 해도 동일하지는 않아요. 8대 덕목은 네 가지 유형으로 나누어집니다. 예禮와 효孝는 기본적 가치를 나타내고, 정직과 책임은 성찰적 가치를 나타내고, 존중과 배려는 의리적 가치를 나타내고, 소통과 협동은 상생적 가치를 나타낸답니다. 기본적 가치인 예禮와 효孝가 구현되어야 성찰적 가치와 의리적 가치와 상생적 가치가 제대로 구현된다고 이해하면 좋습니다.

3) 2017년 6월 9일, 국회의원을 포함한 14인이 〈인성교육진흥법 일

부개정법률안〉을 발의했습니다. 이 법률안에서는 제2조 2항의 핵심 가치인 '효孝'를 삭제하는 데 초점을 맞추고 있습니다. "효는 봉건시대의 낡은 가치이므로, 개인적 자아의 주체를 창조적으로 실현하는 현대사회에는 맞지 않는다."고 하네요. 이에 대한 반대 의견도 만만치 않습니다. 한 마디로, '이유 같지 않은 이유'라고 하네요. 효는 봉건시대의 가치이기는 하나 만고불변의 가치이기도 한데, 봉건시대의 가치인 줄만 알고 만고불변의 가치인 줄은 모른 다고 하는 취지인 듯합니다.

D. 연습 문제

1) 인성교육을 제대로 하면 예禮, 효孝, 정직, 책임, 존중, 배려, 소통, 협동 등의 8대 덕목을 구현할 수 있다고 합니다. 인성교육의 파급 범위가 굉장히 넓다고 하지 않을 수 없습니다. 인성의 어떤 특징 으로 인해 인성교육의 파급 범위가 이와 같이 넓어질까요?

2) 인성론의 핵심 개념인 성즉리설에서는 인간을 우주적 존재라고 합니다. 〈인성교육진흥법〉이 전통적 인성론을 계승했다면 인간을 우주적 존재로 격상시키고자 한다고 할 수 있습니다. 8대 덕목인 예禮, 효孝, 정직, 책임, 존중, 배려, 소통, 협동에서 이 점을 따져 보고, 그 정황을 설명해 보세요.

20번 길 : 성즉리설의 제도적 구현

◀ 문제확인 ▶

◈ 최저임금제도의 인성론적 의의는?

요즈음, 최저임금제도를 놓고 논란이 뜨겁습니다. 최저임금제도란 '근로자의 생활 안정과 근로 능력 향상을 목적으로 국가가 노사간의 임금 결정 과정에 개입하여 근로자에게 임금의 최저 수준을 보장하고, 사용자에게 최저 임금 수준 이상의 임금을 지급하도록 강제하는 제도'를 말한답니다. 이 최저임금제도의 근본 취지를 인성론적 차원에서 설명해 보세요.

A. 이정표

◀ 짧고 얕은 길 ▶

최저임금제도는 국가가 사용자에게 최저임금 수준 이상의 임금을 노동자에게 지급하도록 강제하는 제도입니다. 사용자가 스스로 나서서 최저임금을 인상한다면 더 없이 좋겠으나, 실제적으로 사용자가 자발적으로 나서지는 않습니다. 사용자가 나서지 않으니, 국가가 나설 수밖에 없습니다. 왜 국가가 나서서 최저임금제도를 실시하고자 할까요?

그 까닭은 크게 보아 세 가지입니다. 임금 근로자의 인간다운 삶을 보장하고자 한다는 점, 가계 소득이 늘어나면 소비가 증가될 터이고 소비가 증가되면 나라의 경제가 성장하리라는 점, 임금 격차를 완화시켜 소득 분배를 개선하고자 한다는 점이 그것입니다.. 최저임금제도가 인간다운 삶을 보장하고 임금 격차를 완화시킨다는 내용이 바로 인권, 더 범박하게 말하면 인성론과 연관됩니다.

자본주의 사회에서 돈 없이 누구나 누려야 할 권리를 어떻게 누릴 수 있으며, 올바른 성품을 어떻게 보존하거나 함양할 수가 있겠습니까? 결국 자본주의 사회의 최저임금제도는 인간다운 삶을 영위하게 하는 최소한의 임금을 보장함으로써 올바른 성품을 보존하거나 함양할 수 있게 하는 디딤돌이라고 할 수 있습니다.

참고사항 1

"나는 최소한의 행복을 요구한다."

켄 로치 감독의 영화 〈나, 다니엘 블레이크〉의 케이티가 한 말입니다. 케이티 그 자신의 말이 아닙니다. 친구 다니엘이 생전에 이런 글을 남겼다고 하며 소개했지요. 다니엘은 목수로서, 지병인 심장병이 나빠져서 일을 그만두게 됩니다. 질병 수당을 받기 위해 관공서를 찾아갔지만, 담당 공무원은 심장 빼고는 모두 건강하다는 이유를 들어 심사 대상에서 탈락시켜 버립니다. 그리고는 항고하거나 재취업 교육을 받은 뒤 실업 급여를 신청할 수 있다고 하며 행정 절차만을 장황하게 설명해줍니다.

불행하게도 다니엘은 컴맹입니다. 모든 행정 절차가 컴퓨터를 통해 이루어지므로, 그야말로 절망적입니다. 컴퓨터로 서류를 제출하지 못하면 이유 여하를 막론하고 복지 혜택이라곤 받을 수 없기 때문이지요. 다니엘은 어떤 혜택도 받지 못하고 죽어갔습니다. 친구 케이티가 다니엘의 글을 발견하고 장례식에서 읽었지요. 다니엘의 글은 케이티의 입을 통해 피맺힌 절규로 재탄생했습니다.

당연히 누려야 할 최소한의 행복도 누리지 못하고 피맺히게 절규하는 사례는 다니엘의 경우만이 아닙니다. 이언희 감독의 미스터리 영화 〈미씽〉에 등장하는 '한매'와 부지영 감독의 영화 〈카트〉에 등장하는 '태영'의 경우도 동일합니다. '한매'는 가부장적 중심사회에서 자기의 목소리를 잃은 대표적인 여성이고, '태영'은 비정규직보호법의 사각지대에 놓인 편의점 아르바이트 희생이거든요. 다니엘과 마찬가지로 인간이라면 누려야 할 최소한의 행복조차 누리지 못하므로, 우군이라고는 하나 없는 사회적 약자라고 할 수 있겠지요. 이와 같은 사회적 약자에게 최소한의 보호장치는 반드시 필요합니다. 설사 그 최소한의 보호장치가 최대한의 보호장치가 될지라도.

◀ 길고 그윽한 길 ▶

최저임금제도는 전국민이 인간다운 삶, 즉 행복한 삶을 유지하는 데 필요한 최소한의 임금을 보장하는 제도입니다. 행복한 삶을 도덕의 기초로 삼는다면, 행복을 가져다주느냐 불행을 가져다주느냐에 따라 선악을 분별하게 됩니다. 가령, 행복을 가져다주면 선善이라고 하고 불행을 가져다주면 악惡이라고 할 것입니다. 행복한 삶을 제일주의로 삼는 자에게는 최저임금제도가 분명히 선善으로 인식되겠지요.

최저임금제도와 동일선상에서 언급할 수 있는 사례로는 의료보험제도와 노령연금 등을 들 수 있습니다. 이 모든 제도가 '균등하게 누려야 할 최소한의 행복'을 지향가치로 삼고 있거든요. 인간과 인간 사이에만 '균등하게 누려야 할 최소한의 행복'이 있지는 않습니다. 시각을 확대하면 인간과 자연과의 관계에서도 이와 같은 지향가치가 있습니다. 성리학의 제1명제인 성즉리설性卽理說이 바로 그것입니다. 성즉리설은 하늘이 부여한 성性은 순선무악하다고 하며 만상이 이 성性을 고루 품수稟受했다고 합니다. 하늘이 성性을 부여한다고 했으니, 성性을 잘 탐구하면 천리를 잘 구현한다는 의미가 되겠지요.

시각을 확대하고 보니, 성즉리설과 최저임금제도가 유사하군요. 성즉리설에는 만상의 성性을 탐구하여 천리를 구현한다는 지향가치가 담겼고, 최저임금제도에는 최저임금을 통해 전국민에게 최소한의 행복을 누리게 함으로써 더불어 사는 공동체를 건설한다는 지향가치가 담겼지요. 정황이 이러하다면, 성즉리설에 대한 제도적 차원의 구현 양상을 최저임금제도에서 찾을 수 있다고 해도 그리 어긋나지 않을 듯합니다.

참고사항 2

최저임금제도가 '전국민에게 최소한의 행복을 고루 누리게 한다.'는 지향가치에 토대를 둔다고 할 때, 최저임금제도에는 공리주의功利主義, 그 가운데서도 질적 공리주의가 반영되었다고 할 수 있습니다. 최저임금제도에 질적 공리주의가 반영되었다고 보는 까닭은 행복의 질적 차원을 중시하기 때문이지요. 즉, 행복하기만 하면 된다고 하지 않고 행복의 질이 높아야 한다고 하거든요. 행복의 질을 높이는 방법이야 많겠지요. 여러 가지 방법 중, 최저임금을 물가와 연동시키는 방법도 있어요. 물가가 상승하면 자동적으로 최저임금도 상승하겠지요.

최저임금을 물가와 연동시킬 때, 종종 사용자 측의 저항에 부딪힙니다. 사용자 측에서는 이윤은 늘지 않고 경상경비는 해마다 증가하기 때문에, 노동 임금을 높일 수 없다고 합니다. 이 문제는 작금의 사회적 현안이기도 하지요. 가령, 2018년도의 최저임금은 2017년의 경우에 비해 16.4% 증가된 7,530원으로 책정된 바 있습니다. OECD 가입 국가에 비해 최저임금이 그리 높은 편이 아니었지만, 2017년도에 비해 큰 폭으로 올랐기 때문에 사용자 측의 저항이 거셌지요. 최저임금의 인상폭이 낮으면 노동자가 불만이고 최저임금의 인상폭이 높으면 사용자가 불만이므로, 모두가 불만 없는 적정한 최저임금이란 없는가 봅니다. 질적 공리주의로서의 최저임금 제도를 원만하게 구현하기는 이처럼 쉽지 않습니다.

B. 관련 이론

◇ 제러미 벤담(Jeremy Bentham)의 양적 공리주의

'최대 다수의 최대 행복'을 지향하는 이론. 어떤 행위가 행복을 증진시키려고 하면 옳다고 판정하고, 그 어떤 행위가 불행을 가져온다고 한다면 그르다고 판정합니다. 여기서 말하는 행복이란 행위자의 행복이 아니라 행위의 영향을 받는 모든 사람의 행복을 가리킵니다. 공리주의는 자유주의와 함께 현대의 사회윤리와 법사상의 근간이 되었습니다.

◇ 존 스튜어트 밀(John Stuart Mill)의 질적 공리주의

벤담과 밀의 가장 핵심적인 차이는 쾌락의 질적 차이를 인정하느냐 마느냐에 있습니다. 벤담은 쾌락의 질적 차이를 인정하지 않았지요. 밀은 이를 비판하며 쾌락의 질적 차이가 있다고 주장했답니다.

◇ 〈헌법〉 제32조 제1항의 최저임금제 규정

한국에서는 1953년에 〈근로기준법〉을 제정하면서 최저임금제의 실시 근거를 두었으나, 당시에는 최저 임금제를 수용하기 어렵다고 판단하여 이 규정을 운용하지 않았습니다. 1970년대 중반부터 지나친 저임금이 사회적 문제가 되자, 정부가 나서서 〈근로기준법〉에 입각하여 행정지도를 했습니다. 〈근로기준법〉으로는 별반 성과를 거두지 못했지요. 정부에서는 별도로 〈최저임금법〉을 제정·공포할

필요성을 느꼈답니다. 드디어 〈최저임금법〉을 1986년 12월 31일에 제정·공포하고 1988년 1월 1일부터 실시하게 되었습니다.

C. 점검과 확장

1) 〈20번 길 : 최저임금제도의 인성론적 의의는?〉는 최저임금제도를 인성론에 비추어보는 문제입니다. 성즉리설에는 '만상이 고루 지닌 성性'을 탐구하여 천리를 구현해야 한다는 지향가치가 담겼으므로 '최저임금을 통해 최소한의 행복을 균등하게 누리도록 한다.'는 최저임금제도의 취지와 흡사합니다. 결국, 이 문제는 최저임금제와 인성론의 연관성을 찾아내도록 요구한다고 볼 수 있겠네요.

2) 존 스튜어트 밀은 사람들은 질적으로 '보다 수준 높은 쾌락'을 원한다고 합니다. '보다 수준 높은 쾌락'을 어떻게 분별할 수 있을까요? 밀은 저질의 쾌락과 고질의 쾌락을 모두 경험한 사람들이 '보다 수준 높은 쾌락'을 선택할 줄 안다고 보고 있습니다. 경험자에 의해 선택된 쾌락이 '보다 수준 높은 쾌락'인 셈이지요. '보다 수준 높은 쾌락'에는 남의 행복에 대한 쾌락도 포함되어 있다고 합니다. 이런 논리는 상당히 의도적이지요. '왜 나 개인만의 쾌락이 아니라 최대다수의 쾌락을 추구해야 하느냐?'라는 의문을 해결하기 위한 포석이거든요. 이로 보아, 밀은 '쾌락 추구의 원리'가 인간을 이기적 존재로 만들기보다는 공동체적 존재로 격상시킨다고 주장하려 하는군요.

3) 오늘날, 어찌 된 영문인지 최저임금이 최대임금이 되는 경향이 있습니다. 대부분의 일자리가 최저임금을 기준으로 근로자의 급여를 책정하기 때문에 이런 지적이 가능하답니다. 그 원인은 여러 가지입니다. 이윤 증가율에 비해 최저임금 상승률이 높아지기 때문일 수도 있고, 노동임금을 적게 지급하려고 하는 사용자 측의 이기심 때문일 수도 있습니다. 정황이 이러하므로, 최저임금을 너무 높게 책정해도 문제가 생기고 노동자와 사용자의 상생 분위기를 조성

하지 않아도 문제가 됩니다. 정책 입안자나 집행자는 이 점을 잘 헤아려야 합니다.

D. 연습 문제

1) 오늘날, 최저임금 상승 문제로 사회적 논란이 심합니다. 논란의 원인을 밝히고, 논란을 가라앉힐 수 있는 방안을 인성론적 차원에서 마련해 보세요.

2) 다음 글에서는 질적 공리주의에 대해 설명하고 있습니다. 이 글의 의미가 무엇이며 왜 질적 공리주의를 설명한다고 할 수 있을까요?

> 만족해하는 돼지이기보다는 불만스러워하는 인간인 편이 더 낫고, 만족해하는 바보이기보다는 불만스러워하는 소크라테스인 편이 더 낫다. 그리고 만일 바보나 돼지가 이와 다른 의견을 가지고 있다면, 그것은 이들이 이 문제에 있어 오직 그들 자신의 측면에서만 알고 있기 때문이다. 그러나 이들과 비교되는 상대편, 즉 사람이나 소크라테스는 양쪽 측면을 모두 알고 있는 것이다.
>
> 〈존 스튜어트 밀, 『공리주의』〉

Ⅳ. 용어 해설

　지금까지 논의한 내용 중 어려운 용어가 적지 않습니다. 유학 용어는 당연히 어렵고요. 일반 용어 중에서도 어려운 경우가 있네요. 어려운 용어를 모두 설명해야 하겠지만, 본문에서 충분히 설명했다면 굳이 거론할 필요는 없겠지요. 필자는 본문에서 설명이 불충분하다고 여겨지는 용어를 추출해서 설명해보고자 합니다. 물론, 용어라고 해도 성격이 동일하지는 않습니다. 그 성격을 분별해서 일반 용어와 유학 용어로 나누고자 합니다. 자세하게 설명하려고 하면 끝도 없겠지만, 본문의 맥락을 이해할 수 있을 정도라면 무방하지 않을까 합니다. 인성론에 입각해서 현대사회의 문제를 푸는 데 초점을 맞추었고, 인성론 그 자체를 파고들어가서 동양사상을 완전히 이해하는 데 초점을 맞추지는 않았거든요. 이런 취지에 맞추어, 필자는 본문에서 일반 용어와 유학 용어를 추출하되 본문의 맥락을 파악할 수 있을 정도로만 설명하고자 합니다.

1. 일반 용어

◆ 간언(諫言) : 임금이나 윗사람에게 옳지 않거나 잘못되거나 한 일을 고치도록 권고하는 말.

◆ 겸애교리(兼愛敎利) : 묵자의 중심 사상. 사랑할 때는 차별이 없어야 하고, 이익을 도모할 때는 서로 나누어 가지도록 해야 한다는 의미.

◆ 고과점수(考課點數) : 직원의 업무수행 능력을 평가한 점수.

◆ 공능(功能) : 기능, 작용, 효능의 의미.

◆ 공리주의(功利主義) : 인간 행위의 윤리적 기초를 개인의 이익 추구에 두고, 어떤 행위가 이익을 증진시키려고 하면 옳다고 판정하고, 그 어떤 행위가 손해를 초래한다고 한다면 그르다고 판정합니다. 공리주의는 양적 공리주의와 질적 공리주의로 나누어집니다. 양적 공리주의는 제러미 벤담이 주장했고, 질적 공리주의는 존 스튜어트 밀이 주장했습니다.

◆ 내노(內奴) : 고려와 조선 시대, 궁중에 속하여 궁중의 공역이나 내구의 잡역 따위를 맡아보던 노비.

◆ 두향(杜香) : 퇴계 이황이 1548년 단양에서 재직할 때 관청 소속으로 있었던 기생. 퇴계와 연인관계라고 알려져 있으나, 실제로는 연인관계가 아니었다고 합니다.

◆ 면역력(免疫力) : 사람이나 동물의 몸 안에 병원균이나 독소 등의 항원이 공격할 때, 이에 저항하는 능력.

◆ 목적론(目的論)과 의무론(義務論) : 목적론은 행위의 결과로써 옳고 그름을 판단합니다. 행위의 결과가 좋으면 옳다고 하고 행위의 결과가 나쁘면 그르다고 합니다. 의도나 동기는 그다지 중요한 판단 기준이 아닙니다. 한편, 의무론은 행위 그 자체의 정당성으로써 옳고 그름을 판단합니다. 행위 그 자체가 바르면 옳다고

하고 행위 그 자체가 바르지 않으면 그르다고 합니다. 결과는 그다지 중요한 판단 기준이 아닙니다.

◆ 반상(班常) : 양반과 상민을 아울러 이르는 말.

◆ 불기(不羈) : 얽매이지 않음.

◆ 사찬읍지(私撰邑誌) : 개인이나 지방의 인사들이 주관하거나 이들의 영향력이 크게 작용하는 읍지. 중앙 정부나 지방 관아 등에서 편찬한 관찬읍지(官撰邑誌)와는 상대적 위치에 선답니다.

◆ 상도(常道)와 권도(權道) : 상도는 영원히 변하지 않는 본질적 존재이자 진리로서의 행위규범을 가리키고, 권도는 특수하고 예외적인 상황에서 임시적인 정당성을 가지는 행위규범을 가리킵니다.

◆ 상리공생(相利共生) : 종류가 다른 생물이 공생하면서 서로 이익을 얻고 있는 관계.

◆ 소포클레스(Sophocles, B.C.496~B.C.406) : 아이스킬로스, 에우리피네스와 함께 고대 그리스의 3대 비극시인입니다. 그의 명저로는 『오이디푸스왕』, 『안티고네』, 『아이아스』 등을 들 수 있습니다.

◆ 유체이탈(遺體離脫) : 영혼이 육체에서 벗어나 분리되는 현상. 흔히 화법과 연관지워 많이 거론한답니다. '유체이탈 화법'이라고 할 때, 신체에서 정신이 분리되는 유체이탈 상태처럼 자신이 관련되었던 일을 마치 남의 일인 듯이 이야기하거나 자신의 잘못을 뉘우치기는커녕 자화자찬으로 일관하거나 하는 태도를 가리킵니다. 비꼬려는 의도가 있다고 보면 됩니다.

◆ 이효상효(以孝喪孝) : 효행이 너무 지나쳐서 몸을 상하게 하는 현상.

◆ 정표정책(旌表政策) : 착한 행실을 세상에 널리 드러내어 알리고자 하는 정책. 효자와 열부 등을 기리고 효자와 열부에게 정려(旌閭)나 관직을 부여함으로써 모든 백성을 성리학적 인간으로 계도하고자 하는 취지를 담고 있답니다.

◆ 제4차 산업혁명 : 세계경제포럼은 2016년 1월에 열린 다보스포럼에서 제4차 산업혁명을 화두로 제시했습니다. 제4차 산업혁명이란 '인공지능기술 및 사물인터넷, 빅데이터 등 정보통신기술(ICT)과의 융합을 통해 생산성이 급격히 향상되고 제품과 서비스가 지능화되면서 경제·사회 전반에 나타나는 혁신적인 변화'를 통칭합니다. 한 마디로 말해, '기계 같은 인간'을 넘어 '인간 같은 기계'를 지향하고, '문제를 잘 푸는 능력'을 넘어 '문제를 잘 제시하는 능력'을 지향하는 시대적 경향이 제4차 산업혁명입니다.

◆ 트라시마코스(Thrasymachus, B.C.459~B.C.400) : 플라톤의 『국가론』에 등장하는 캐릭터로서, 고대 그리스의 소피스트 철학자입니다. 트라시마코스의 사상을 단적으로 나타내는 말이 있습니다. "정의는 강자의 이익이며, 강자에게 유익한 것으로 귀결된다."라고 하는 언급이 그것입니다.

◆ 편작(扁鵲)과 화타(華佗) : 고대 중국의 의성(醫聖). 죽은 사람도 살려내는 의술을 지녔다고 합니다. 편작은 춘추시대의 명의이고, 화타는 삼국시대의 명의랍니다.

◆ 항원(抗原) : 몸안에 침입하여 항체를 만드는 단백성 물질.

◆ 향당(鄕黨) : 자기가 태어났거나 살고 있는 시골의 마을.

◆ 형기(形氣) : 겉으로 드러나는 사물의 모양이나 상태와 그 기운.

◆ 효치(孝治) : 효 이념을 근간으로 삼는 통치 방법. 『효경』 제8장의 명칭이 '효치'입니다. 한 무제(漢武帝)가 제기한 통치전략으로서, '훈육'으로 '효'를 만들고 '효'로 '충'을 만들고자 하는 강령입니다.

2. 유학 용어

◆ 각구일태극(各具一太極)과 통체일태극(統體一太極) : 이일분수(理一分殊)를 설명할 때 사용하는 용어입니다. 이(理)란 '근본적으로 하나이다.'라고 하는 통체일태극(統體一太極)과 '다양한 만물 속에서 다양하게 실현된다.'고 하는 각구일태극(各具一太極)으로 구분됩니다. 통체일태극은 '이일(理一)'과 연관되고, 각구일태극은 '분수'와 연관됩니다.

◆ 격물(格物) : 천지만물의 본연지성을 탐구하는 행위를 가리킵니다. 천지만물은 모두 본연지성을 지녔답니다. 나에게도, 남에게도, 동식물에게도 본연지성이 있지요. 나의 본연지성을 탐구한 다음, 나 이외의 남이나 사물에게로 나아가 그 본연지성을 탐구한다면, 나의 본연지성이 더욱더 커질 수 있습니다. 성리학에서 인성을 함양하기 위해서는 격물해야 한다고 하는 이유가 이 때문이랍니다.

◆ 경(敬) : 함양 공부의 요체입니다. '심신이 통일되거나 집중되는 경지'를 가리키거든요. 선진시대(先秦時代)까지만 해도 단순한 생활 태도를 나타내는 용어였으나, 송명이학(宋明理學)에 이르러서는 수양론의 핵심 개념이 되었습니다. 경(敬)이론의 대표적인 학자는 정이(程頤)와 주희(朱熹)입니다. 정이와 주자가 강조하는 경(敬)의 기능을 한마디로 요약하면, '인욕을 제거하고 동(動)과 정(靜)을 관통시키는 정신 작용'입니다. 퇴계 이황 또한 경(敬)의 기능에 대해 많은 관심을 가졌지요. 『성학십도(聖學十圖)』 하반부 5도의 주안점이 경(敬)에 놓여 있다는 점이 그 근거랍니다.

◆ 계신공구(戒愼恐懼) : 유교 수양론의 기저가 되는 명언입니다. "군자는 보지 않는 곳에서 삼가고, 들리지 않는 곳에서 스스로 두려워한다.(君子 戒愼乎 其所不睹 恐懼乎 其所不聞.『中庸』)"에서 따온 말이지요. 퇴계는 계신공구가 경각의식(警覺意識)이라고 하

여 미발(未發)의 범주에 배속시키고, 계신공구의 공부처(工夫處)가 바로 미발이라고 했습니다.

◆ 기질지성(氣質之性) : 본연지성(本然之性)의 상대어입니다. 선천적·도덕적 본성인 본연지성(本然之性)과는 달리, 후천적인 혈기(血氣)의 성(性)을 가리키지요. 수양을 치열하게 해서 억누르지 않으면 기질지성에서 인욕이 발생하고, 마침내 인욕에서 악(惡)이 발생한다고 합니다.

◆ 내성외왕(內聖外王) : 『장자(莊子)』〈천하편(天下篇)〉에 처음 나오는 용어입니다. 도가(道家)의 용어가 유가(儒家)로 넘어가, 유가가 지향하는 도리가 되었습니다. 내성(內聖)이란 수기(修己)가 성취된 상태를 가리키고, 외왕(外王)이란 안인(安人)의 목표가 달성된 상태를 가리킵니다.

◆ 능근취비(能近取譬) : 『논어(論語)』〈옹야편(雍也篇)〉에 나옵니다. '자신을 미루어서 남을 헤아려야 한다.'는 의미로서, 주자의 '추기급인(推己及人)'과 거의 동일한 개념입니다.

◆ 명물자(名物者) : '피명자(被命者)'의 상대어로서, '사물을 부리는 자'라는 의미를 지닙니다. 퇴계는 이(理)를 높여서 명물자라고 했고, 기(氣)를 낮추어서 피명자라고 했어요. 『퇴계전서(退溪全書)』 권13, 〈답이달이천기(答李達李天機)〉에 그런 언급이 있습니다.

◆ 미발이발(未發已發) : 『중용(中庸)』의 중화론(中和論)에서 처음 나옵니다. 성리학의 심성론에서 사람의 마음을 '발하지 않았을 때와 이미 발했을 때'로 나누어서 각각 성(性)과 정(情)으로 설명하는 개념입니다. 퇴계에 의하면, 미발(未發)은 계신공구의 공부처(工夫處)이고 이발(已發)은 성찰(省察) 내지 정찰(精察)의 공부처입니다.

◆ 박문약례(博文約禮) : 『논어(論語)』〈옹야편(雍也篇)〉에 나옵니다. '글을 널리 배우고 예로써 단속한다.'는 뜻이므로, 지식을 널리 얻고 도덕적 실천을 모색하는 행위 일체를 가리킨다고 할 수 있습

니다. 아무 글이나 읽고 단속한다고 해서 '박문약례'가 되지는 않지요. '박문'은 고전을 널리 읽어서 자신의 근본뿐만 아니라 세상의 이치를 깨닫는 행위이고, '약례'는 고례(古禮)를 통해 자신을 돌아보는 행위이므로, '고전'과 '고례'를 갖추어야 '박문약례'가 될 수 있습니다. '박문약례'는 송대의 수양적 개념인 '거경궁리'와 연관이 깊습니다. 즉, '박문'은 '궁리'에 해당되고 '약례'는 '거경'에 해당됩니다. 특히 퇴계 이황은 '박문약례'를 빈번하게 거론합니다. 내부의 수양 방법인 '약례'와 외부의 수양 방법인 '박문'이 둘이 아닌 하나이어야 한다고 믿기 때문입니다.

◆ 반구저기(反求諸己) : 『논어(論語)』〈공손추(公孫丑)〉에 나옵니다. '화살이 적중하지 않았을 때 자기에게서 원인을 찾는다.'는 의미로서, 어떤 일이 잘못되었을 때 남을 탓하지 않고 자기의 자세와 실력을 탓한다는 취지입니다. 『중용(中庸)』에서는 '반구저신(反求諸身)'이라고 했네요.

◆ 본연지성(本然之性) : 기질지성의 상대어로서, 주희가 사용한 심성론의 용어입니다. 유선유악(有善有惡)한 기질지성과는 달리, 순선무악(純善無惡)하다고 해요. 인간이라면 누구나 본연지성을 가지고 있지만, 인욕에 의해 가려져 있다고 합니다. 가려져 있으니 드러내어 하겠지요. 유가(儒家)에서는 선한 본연지성을 드러내기 위하여 수양 내지 교육의 중요성을 강조하고 있지요. 장재가 '천지지성(天地之性)'이라고 하고 정이가 '의리지성(義理之性)'이라고 한 용어를 주희가 '본연지성'이라고 고쳤답니다.

◆ 생생지리(生生之理) : 『주역(周易)』〈계사전(繫辭傳)〉에 나옵니다. '낳고 낳는 자연의 이치'의 의미로서, 생의(生意) 철학의 근거가 됩니다. '생생(生生)'을 '역(易)'이라고 하므로, 『주역』의 핵심 용어라고 할 수 있습니다.

◆ 생의(生意) : '생(生)을 지향하는 우주적 의지'라는 뜻으로 성리학의 본체론에서 쓰이는 용어입니다. 북송(北宋)의 정호(程顥)가 처

음 사용했습니다. 우리나라에서는 조선 후기의 성리학자 임성주(任聖周)가 자기 이론의 중심 개념으로 채용함으로써 그 의미를 특별히 부각시켰답니다.

◆ 성(誠) : 『중용(中庸)』의 근본 사상. 성은 두 가지로 나누어집니다. 『중용』에 의하면, 천도(天道)로서의 성(誠)이 있고, 인도(人道)로서의 성(誠)이 있다고 합니다. 맹자는 천도의 성과 인도의 성을 풀이했네요. 천도의 성은 진실무망(眞實無妄)한 도리이고, 인도의 성은 성실하려고 하는 생각이나 행위를 가리킨다고 합니다. 한편, 순자는 성(誠)이란 군자가 지키는 것이고 정사(政事)의 근본이 된다고 하며, 성으로써 덕행의 기초를 삼고자 했습니다. 덕행으로서의 성(誠)을 체계화한 사람은 이고(李翺)와 주돈이(周敦頤)입니다. 이고는 〈복성서(復性書)〉에서 천명의 본연을 회복하는 것이 성이라고 했고, 주돈이는 〈통서(通書)〉〈성(誠) 상(上)〉에서 도덕을 수양하여 착한 본성을 회복하는 것이 성이라고 했습니다.

◆ 성무선무불선론(性無善無不善論) : 인간의 본성이 착한 것[善]도 없고 착하지 아니한 것[不善]도 없다고 하는 고자의 이론으로서, 맹자의 성선설과 대립됩니다. '버들가지와 버드나무 그릇[杞柳-桮棬]'의 일화는 고자의 인성론을 파악하기에 아주 적절합니다. 이 일화에서는 고자가 '버들가지가 곧 버드나무 그릇이 될 수 없듯이 본성에서 곧 인의가 나올 수 없다.'고 하자, 맹자는 '버들가지로 버드나무 그릇을 만드느라 무리를 가하듯이 본성에 무리를 가해서 인의를 행한다는 말인가?'하며 맞받아쳤다고 합니다. 압축하면, 고자는 본성에서 인의가 나오지 않는다고 하고 맹자는 본성에서 인의가 나온다고 합니다. 고자는 맹자와는 달리, 생리적 본성만을 설정하기 때문에 순자의 성악설에 가깝다고 할 수 있습니다.

◆ 성상근론(性相近論) : 공자가 단 한 차례 거론한 인성론입니다. "본성은 서로 비슷하나, 습관에 따라 서로 멀어진다.(性相近 習相遠·『論語』陽貨)"에서 나온 말이지요. '본성'은 생득적 성품을 의미

하고 '습관'은 환경·교육·학습을 의미합니다. '본성은 서로 비슷하다.'가 무슨 의미인지를 판단하기가 쉽지 않습니다. 너무나 소략하게 언급했기 때문에, 본성이 선하다고 해야 할지, 악하다고 해야 할지, 아니면 선하기도 하고 악하기도 하다고 해야 할지를 알기 어렵습니다. 물론, 인성을 거론하지 않았다고 해서 인성관을 알 수 없는 것은 아닙니다. 인성을 간접적으로 나타내는 용어가 있기 때문입니다. 『논어』에서 100여 차례나 거론한 '인(仁)'이 그것입니다. 인(仁)이 인간의 선한 본성을 전제로 한다는 점에서, 인(仁)이야말로 성선설의 토대가 된다고 할 수 있습니다.

◆ 성선설(性善說) : 인간의 본성이 선하다고 하는 맹자의 이론으로서, 순자(荀子)의 성악설과 대립되는 이론입니다. 맹자는 '천명지위성(天命之謂性)'이라고 한 『중용(中庸)』의 내용을 계승해 성(性)을 만물에 내재된 하늘의 작용, 즉 천명으로 파악함으로써 만물은 성(性), 즉 천명을 중심으로 볼 때 모두 하나라고 하는 만물일체사상(萬物一體思想)을 확립했습니다. 만물일체사상을 가지니 하늘의 작용이 천지 자연의 대조화(大調和)를 연출하고 있다고 보았고, 천지자연의 대조화를 연출한다고 보니 하늘의 작용을 성(性)으로 받은 인간도 성(性)의 움직임을 따르기만 하면 타인과 조화를 이루게 된다고 합니다. 이 이론이 바로 성선설이지요.

◆ 성악설(性惡說) : 인간의 본성이 악하다고 하는 순자의 이론으로서, 맹자의 성선설과 대립되는 이론입니다. 순자는 인간에게 의리적 본성은 없고 생리적 본성만 있다고 합니다. 누구나 이익을 좋아하고 손해를 싫어하며, 좋은 목소리와 예쁜 용모를 탐하는 성향이 있다고 한 점이 그 근거입니다. 생리적 본성만 있다고 한다면 본성을 바꾸기가 불가능하다고 해야 할 듯하나, 그렇다고 보지는 않았습니다. '화성기위(化性起僞)'를 주장했기 때문이거든요. 화성기위란 본성을 바꾸어서 인위를 일으킨다는 뜻이므로, 후천적 작위로 본성을 바꾼다고 할 수 있습니다. 본성이 악하기는 해

도 개조가 가능하다고 보았네요.
- ◆ 성이원론(性二元論) : 성(性)을 본연지성과 기질지성으로 나눌 수 있다는 시각으로서, 장재(張載)와 정이(程頤)가 제기하고 주자가 체계화했습니다. 본연지성은 이(理)에서 생기기 때문에 흠이 없고 순수한 데 반해, 기질지성은 기(氣)에서 생기기 때문에 '통함과 막힘[通塞]', '치우침과 바름[偏正]'의 차별이 생기게 된다고 합니다.
- ◆ 성즉리설(性卽理說) : 유가 인성론의 제1명제로서 정이(程頤)가 주창한 개념입니다. 글자 그대로 풀이하면, '성(性)이 곧 이(理)이다.'의 의미를 지니는데, 이때의 성(性)이란 본연지성(本然之性)을 가리킵니다. 이 개념이 주목받는 까닭은 원시유학에서 거론된 천인관계를 존재론 내지 우주론의 차원에서 재해석했다는 데 있습니다. 그 결과, 인간은 천리를 우러러보는 존재가 아니라 인간 그 자체가 천리의 경지에 오르는 계기를 확보하게 되었습니다. 인간이 본연지성을 보존하고 함양하면 우주의 창조에 능동적으로 참여한다고 보기 때문이지요. 성즉리설은 인간존재를 높이는 동시에 인간존재에게 엄청난 과제도 안겨주었습니다. 끊임없는 수양을 통해 기질지성을 억누르고 본연지성을 보존하고 함양해야 한다고 하기 때문입니다. 이 점에서 성즉리설은 '있는 것'의 가치가 아니라 '있어야 할 것'의 가치를 강조한다고 할 수 있습니다.
- ◆ 성품설(性品說) : 한(漢)의 동중서(董仲舒)와 당(唐)의 한유(韓愈)가 성(性)에 세 가지의 등급을 매겼습니다. 성인군자의 본성, 보통 사람의 본성, 사악하고 못난 사람의 본성이 그것입니다. 이 본성은 태어날 때부터 정해져 있기 때문에 인간의 노력으로 고치기가 어렵다고 보았습니다. 고치기가 어렵다고 한 점에서, 수양이나 교육이 별 의의를 지니기가 어렵게 되었네요.
- ◆ 소강절(邵康節, 1011~1077) : 본명은 소옹(邵雍)입니다. 중국 북송의 성리학자(性理學者)로서 상수학자(象數學者)이며 시인(詩人)입니다. 자는 요부(堯夫)이고, 자호(自號)는 안락(安樂)이며, 강절

(康節)은 사후에 내려진 시호(諡號)랍니다.

◆ 소이연소당연(所以然所當然) : 이(理)의 두 가지 측면을 나타내는 용어입니다. 이(理)에는 자연과학적 원리라는 의미와 윤리적 원리라는 두 가지 의미가 중첩되어 있습니다. 소이연은 이(理)는 자연과학적 원리를 가리키고, 소당연은 윤리적 원리를 가리킵니다. 양자가 병렬관계인 듯이 보이나, 주자는 그렇게 보지 않았습니다. 소당연을 통해 소이연에 도달해야 한다고 한 점이 그것입니다. 즉, 개념적 절차상 소당연은 소이연에 도달하기 위한 이전 단계인 셈입니다.

◆ 신유학(新儒學) : 원시유학 이후의 유학을 일컫는 용어입니다. 성리학이라고도 합니다. 성리학이라는 용어는 원래 '성명·의리지학(性命義理之學)'의 준말이지요. 중국 송대(宋代)에 들어와 공자와 맹자의 유교사상을 '성리(性理)·의리(義理)·이기(理氣)' 등의 형이상학적 체계로 해석하고 '성명·의리의 학'이라고 했답니다. 성리학은 보통 주자학(朱子學)·정주학(程朱學)·이학(理學)·도학(道學)·신유학(新儒學) 등의 명칭으로 통용되고 있기도 하지요. 신유학의 집대성자는 단연 송의 주희(朱熹)입니다. 주희는 주돈이(周敦頤), 장재(張載), 정호(程顥), 정이(程頤)를 계승하여 성리학을 집대성했답니다.

◆ 심여리일(心與理一) : 『퇴계전서(退溪全書)』권24·25, 〈답정자중별지(答鄭子中別紙)〉에서 나오는 용어입니다. '마음을 수양하면 만물에 대한 이치가 밝아져서 마음과 이치가 하나가 된다.'는 의미를 지닙니다. 정호(程顥)가 〈식인편(識仁篇)〉에서 최초로 언급했고, 퇴계 이황이 이를 수용하여 인설(仁說)의 핵심 용어로 삼았습니다. 퇴계는 심여리일설을 넓은 범위에 적용시켰습니다. 자연과 인간의 조화, 사유와 존재의 일치, 주체와 대상의 합일 등의 의미로 활용하면서, '심여리일'을 깨달아야 진락(眞樂)을 맛볼 수 있다고 했습니다.

◆ 심위태극(心爲太極) : '마음이 태극이다.'라는 의미를 지닙니다. 태극에 맞추어 규정한 인간의 본질로서, 소강절(邵康節)이 주돈이(周敦頤)의 〈태극도설(太極圖說)〉을 참조하여 만들어낸 용어입니다. 성리학에서는 '심위태극'이 지고지순한 인간의 본심을 가리킨다고 보고, '인극(人極)'이라고도 했습니다.

◆ 심즉리(心卽理) : 지행합일(知行合一), 치양지(致良知)와 함께 양명학(陽明學)의 세 강령 가운데 하나입니다. 성즉리설을 주장한 주자와는 달리, 육구연(陸九淵)은 정(情)은 환영(幻影)과 같다고 하며, 본심이 천리(天理)임을 믿고 적극적으로 실천해야 한다고 하며 심즉리설(心卽理說)을 주장했습니다. 왕수인(王守仁)은 육구연의 입장에서 더 나아가 인간의 마음이 이(理)를 낳았다고 하면서 성(性)과 정(情)을 모두 포함하는 마음 자체가 천리라고 주장했습니다. 육왕 심학의 뿌리는 맹자의 학문입니다. 맹자는 사단을 선한 본성의 근거로 보고, "만물의 이치가 나에게 갖추어져 있다.(萬物皆備於我矣·『孟子』盡心 上)"고 함으로써 학문의 궁극적인 목표를 선한 자아의 회복에 두고 있지요. 자아의 회복이 가능한 이유에 대해 맹자는 "사람이 배우지 않아도 스스로 할 수 있는 것이 양능이요, 깊이 생각하지 않아도 스스로 알 수 있는 것이 양지다.(孟子曰 人之所不學而能者 其良能也 所不慮而知者 其良知也·『孟子』盡心 上)"라고 하여 사람에게는 양지와 양능이 있기 때문이라고 설명했습니다. 왕수인의 심즉리설은 이 양지·양능설을 확대·심화시킨 형태라고 할 수 있겠지요.

◆ 심통성정(心統性情) : 마음이 성(性)과 정(情)을 통괄한다는 성리학의 개념입니다. 이 개념을 처음 제시한 사람은 장재(張載)랍니다. 그는 태허(太虛), 즉 기(氣)를 받아 나온 것이 성(性)이며, 그것의 작용으로 나타나는 것이 정(情)이라고 했습니다.

◆ 양구체(養口體)와 양지(養志) : 『맹자(孟子)』〈이루장구(離婁章句) 상(上)〉에 나옵니다. 자식이 어버이를 받드는 방법, 즉 효행방법

을 말합니다. 양구체는 물질적인 봉양이고 양지는 정신적인 봉양인데, 맹자는 정신적인 봉양을 더 높게 평가했습니다. 이외에도 충언(忠言)과 간언(諫言)의 방법이 있습니다.

◆ 양졸(養拙) : '졸박(拙朴)을 기른다.'는 의미이지요. '졸박'이란 '무위(無爲)'와 동의어입니다. 직역하면 '꾸미지 않고 순박하다.'가 되므로, '본연지성(本然之性)'을 가리킨다고 볼 수 있습니다. 결국, '본연지성 함양하기'가 '양졸'이라 할 수 있겠지요.

◆ 우주적 가족주의 : 장재(張載) 〈서명(西銘)〉의 핵심 내용입니다. 하늘을 아버지로 칭하고 땅을 어머니로 칭합니다. 해당 부분을 들면 다음과 같습니다. "나는 여기서 미미한 존재로서 그 가운데 혼합되어 살아 있다. 그러므로 천지에 막힌 기운은 나는 그 몸으로 하고 천지를 주재하는 이치는 내가 그 본성으로 한다. 모든 백성은 나의 형제이고 만물은 나와 같이 한다.(乾稱父 坤稱母 予玆藐焉 乃混然中處 故天地之塞 吾其體 天地之帥 吾其性 民吾同胞 物吾與也)"라고 하는 언급이 그것입니다.

◆ 원시유학(原始儒學) : 신유학(新儒學) 이전의 유학을 통칭해서 일컫는 용어입니다. 공맹학(孔孟學) 내지 육경학(六經學)이라고도 합니다.

◆ 원형이정(元亨利貞) : 『주역(周易)』〈건괘(乾卦)〉에 나오는 사덕(四德)을 말합니다. 봄, 여름, 가을, 겨울의 4계절과 대응되며 자연의 조화로운 질서를 상징합니다. 『사자소학(四字小學)』의 원문에서는 천도지상(天道之常)이라고 규정했습니다.

◆ 여천지만물위일체(與天地萬物爲一體) : '천지만물과 더불어 하나가 된다.'는 의미이지요. 인(仁)의 성리학적인 해석으로서, 정호(程顥)의 『이정전서(二程全書)』〈식인편(識仁篇)〉에 나옵니다. 인간 스스로 천지만물과 일체인지를 느끼기가 어렵다는 점에서, 인(仁)을 경험보다는 직관의 대상으로 본다고 할 수 있습니다.

◆ 예(禮) : '마땅히 지켜야 할 도리'를 뜻하는 유교적 개념으로서, 도덕규범과 사회제도를 총칭합니다. 도덕규범은 맹자에게서 비롯되었고 사회제도는 순자에게서 비롯되었습니다. 주자는 맹자의 도덕규범과 순자의 사회제도를 통합하여 "예란 천리의 절문이요 인사의 의칙이다.(禮者 天之理節文 人事之儀則也·『論語』學而 集註)"라고 규정했습니다.

◆ 의(義) : '도덕적 정당성에 입각한 실천적 규범'을 가리킵니다. 정주학에서는 경(敬)과 의(義)의 관계를 일사(一事)로 파악합니다. "경(敬)으로써 마음을 곧게 하고, 의(義)로써 행동을 바르게 한다.(敬以直內 義以方外·『周易』坤卦 文言傳)"라고 하는 언급에서 이 점이 잘 드러납니다.

◆ 이간(李柬, 1677~1727) : 본관은 예안(禮安)이고. 자는 공거(公擧)이고, 호는 외암(巍巖)입니다. 아버지는 부호군 태형(泰亨)입니다. 권상하(權尙夏)의 문인이고, 강문 8학사(江門八學士) 중 한 사람입니다. 호락논쟁(湖洛論爭)에서 낙론(洛論)인 인물성동론(人物性同論)을 주장한 대표적 인물입니다.

◆ 이발설(理發說) : 이발이란 '사단(四端)의 정(情)은 곧 이(理)가 발(發)한 결과다.'라고 하는 주장입니다. '발(發)'은 『중용(中庸)』 중화론(中和論)의 미발(未發)·이발(已發)에 근원을 두고 있지요. 이발의 이론적 근거는 이유체용론(理有體用論)입니다. '이(理)에는 체(體)와 용(用)이 있다.'는 의미인데요. 즉, 이(理)에는 정의(情意)·계탁(計度)·조작(造作)이 없다고 하는 주자의 정론(定論)과는 달리, 그때그때 발현하는 지신지용(至神之用)이 있다고 합니다. 이(理)의 지신지용을 인정하는 이 논리가 바로 이발설을 지탱하는 토대랍니다.

◆ 이이(李珥, 1536~1584) : 조선 중기의 문신이요 학자입니다. 본관은 덕수(德水)이고. 자는 숙헌(叔獻)이고, 호는 율곡(栗谷)·석담(石潭)·우재(愚齋)입니다. 1558년 봄 예안(禮安)의 도산으로 이황

(李滉)을 방문했고, 그 해 겨울의 별시(문과 초시)에서 〈천도책(天道策)〉을 지어 장원급제합니다. 전후 아홉 차례의 과거에 모두 장원해 '구도장원공(九度壯元公)'이라 일컬어졌습니다. 1564년 호조좌랑을 시작으로 예조좌랑·이조좌랑 등을 역임하고, 1568년(선조 1) 천추사(千秋使)의 서장관(書狀官)으로 명나라에 다녀왔습니다. 기호사림파의 거두로서 많은 저서를 남겼고, 이원론적 주기론을 주창했습니다.

◆ 이일분수(理一分殊) : 직역하면, '이치는 하나이되 그 나뉨은 다양하다.'가 됩니다. 인간학적 의미로 볼 때, 공자의 정명론(正名論-이름에 맞게 행동함.)에 대한 신유학의 번안이라고 볼 수 있습니다. 정명론에 따르면, 인간의 삶이란 무수한 역할의 연속입니다. 한 개인이 아버지를 만나면 아들의 역할을 해야 하고, 임금을 만나면 신하의 역할을 해야 하고, 아내를 만나면 남편의 역할을 해야 합니다. 인간이 이처럼 수많은 역할을 할 수 있는 까닭은 인간의 본성에 그 모든 역할의 이치가 부여되었기 때문이라고 합니다.

◆ 이황(李滉, 1501~1570) : 조선 중기의 문신이요 학자입니다. 본관은 진보(眞寶). 자는 경호(景浩), 호는 퇴계(退溪)·퇴도(退陶)·도수(陶叟)입니다. 1534년 문과에 급제하고 승문원 부정자(承文院副正字)가 되면서 관계에 발을 들여놓게 되었습니다. 을사사화 후 병약함을 구실로 모든 관직을 사퇴하고, 1546년(명종 1) 고향에 내려가서 독서에 전념했습니다. 여러 저서를 집필하고, 활간독서법을 개진했으며 이원론적 주리론 및 이발설을 주창했습니다.

◆ 인(仁) : 유교윤리 중 최고의 덕목입니다. 인간의 선한 본성, 즉 성선에 대한 인식을 내포하는 데다 여러 윤리적 덕목의 토대가 됩니다. 공자는 『논어(論語)』에서 무려 100여 번이나 사용하면서 인간존재의 특징 및 가치를 설명하는 최대의 통로로 삼았습니다. 신유학시대에 이르면 '인(仁)'은 우주론적인 의미를 지니게 됩니

다. 정호(程顥)는 '인(仁)'을 '여천지만물위일체(與天地萬物爲一體)'라고 했고, 주자는 '천지생물지심(天地生物之心)'이라고 했답니다.

◆ 인욕(人欲) : '천리(天理)'와 대응되는 용어로서, '사람의 욕망'을 가리킵니다. 정주학에서는 천리(天理)와 인욕(人欲)은 서로 용납될 수 없으며, "천리를 보존하고 인욕을 없애야 한다."라고 주장하고 있습니다. 기질지성으로 인해 인욕이 발생하고, 인욕은 악을 초래한다고 믿기 때문이지요. 송대의 호굉(胡宏)은 이와 반대로 인욕을 긍정적으로 평가한답니다.

◆ 장재(張載, 1020~1077) : 북송 오자(五子) 가운데 한 명으로서, 인성론 분야에 눈부신 업적을 쌓았습니다. 기일원론(氣一元論)을 주장했습니다. 불가와 노장의 학설을 배척하면서도 동시에 불가와 노장의 영향도 많이 받았지요. '태허(太虛)'라는 개념이 그 단적인 증거가 됩니다. '심통성정(心統性情)'과 '기질지성(氣質之性)'이라는 용어를 최초로 사용했을 뿐만 아니라 이론을 광대·심원하게 펼쳤기 때문에 주자에게 많은 영향을 끼쳤습니다.

◆ 정이(程頤, 1033~1107) : 북송 최고의 성리학자입니다. 하남 낙양 출신이지요. 14세에 형 정호와 함께 주돈이(周敦頤)에게서 배웠습니다. 이일분수(理一分殊), 성즉리(性卽理) 등의 명제를 통해 이기론적 세계관의 기본틀을 확립했습니다. 형 정호에 비해 엄격하고 강직했으며, 기일원론(氣一元論)을 주장한 형과는 달리 이기이원론(理氣二元論)을 주장했습니다. 인성론에 대한 설명은 주목할 만합니다. 이(理)가 성(性)을 낳고 기(氣)가 재(才)를 낳음으로써 인간에게 성(性)과 재(才)가 있게 되었다고 했습니다. 성(性)에는 본연지성과 기질지성이 있다고 하며, 공자가 말한 '성상근(性相近)'의 성(性)이나 고자와 정호가 말한 '생지위성(生之謂性)'의 성(性)을 기질지성이라고 규정했답니다.

◆ 정호(程顥, 1032~1085) : 하남(河南) 낙양(洛陽) 사람으로서, 정이(程頤)의 친형이지요. 자는 백순(伯淳)이고, 호는 명도(明道)이고,

시호는 순공(純公)입니다. 이기일원론(理氣一元論), 성즉리설(性則理說)을 주창했습니다. 정호의 학문적 성과는 천(天)을 이(理)로 규정했다는 데 있습니다. 다시 말해, 이(理)로써 천(天)을 설명함으로써 천(天)을 인간의 인식 대상으로 삼았습니다. 『정성서(定性書)』, 『식인편(識仁篇)』 등을 편찬했고, 후인들이 정호의 언론(言論)을 모아 『유서(遺書)』, 『문집(文集)』 등을 편집했고, 『이정전서(二程全書)』에 수록했습니다.

◆ 중화(中和) : 『중용(中庸)』제1장에 나오는 말입니다. '중(中)'이란 희로애락의 미발 상태로서 성(性)의 근원적 상태를 말합니다. '화(和)'란 희로애락이 나타나되 모두 절도에 맞게 된 상태를 말합니다. 장례식에 가서는 슬픈 심정으로 아픔을 함께 나누고 결혼식에 가서는 즐거운 심정으로 기쁨을 함께 나눈다면 중화(中和)라고 할 수 있습니다.

◆ 조식(曺植, 1501~1572) : 조선 중기의 학자입니다. 본관은 창녕(昌寧)이고, 자는 선중(健中)이고, 호는 남명(南冥)입니다. 1548년 전생서 주부를 시작으로 종부시 주부, 사도시 주부 등 여러 벼슬에 임명됐지만 모두 사퇴하고 처사(處士)를 자처합니다. 오로지 학문에만 전념하면서 정인홍, 하항 등 많은 학자들을 배출했고, 영남우도의 거유로 이름을 날리게 됩니다. 61세 되던 해 지리산 기슭에 산천재(山天齋)를 짓고 죽을 때까지 그곳에 머물며 강학에 힘썼습니다.

◆ 존심양성(存心養性) : '존양'이라고도 합니다. 맹자가 제시한 자아성찰의 수양법으로서, "본심을 보존하고 성품을 기르는 것이 하늘을 섬기는 것이다.(存其心 養其性 所以事天也.『孟子』盡心 上)"에서 나왔답니다. 이 용어는 천인합일(天人合一) 사상과 연관이 깊기 때문에 송대 성리학과 양명학의 명제 성립에 큰 영향을 미칩니다.

◆ 주돈이(周敦頤, 1017~1073) : 북송시대의 유학자입니다. 자는 무숙(茂叔)이고, 호는 염계(濂溪)입니다. 도가와 불가의 주요 인식과 개념을 수용하여, 형이상학적 유학이론을 개척했습니다. 우주와 인성에 관한 이론이 바로 그것입니다. 이 형이상학적 유학이론으로 인해 정호·정이 형제와 주희의 학문 경향, 즉 정주학파(程朱學派)가 형성될 수 있었답니다. 대표적인 저작으로는 『태극도설(太極圖說)』과 『통서(通書)』를 들 수 있습니다.

◆ 천리(天理) : 『예기(禮記)』〈악기(樂記)〉에 나옵니다. 하늘로부터 부여받은 사람의 착한 본성을 이르는 성리학의 기본개념으로서, 사람의 탐욕과 대비되어 사용되었습니다. 북송 때 이정자(二程子)에 이르러 철학의 최고 범주로 인정되었지요. 정이는 성즉리설(性卽理說)에서 사람의 성(性)을 천리로 파악했습니다. 주희는 정이의 논리를 더욱 발전시켜, 인욕(人欲)과 인심(人心)을 구분하여 인심은 악(惡)이 될 수도 있고 선(善)이 될 수도 있는 반면에 인욕은 모두 악이라고 하며, 학문의 목적은 인욕을 없애버리고 궁극적으로 천리를 회복하는 데 있다고 했습니다.

◆ 천인합일(天人合一) : 하늘과 사람이 합일체라고 하는 유교의 제1명제입니다. 『중용(中庸)』의 '천명지위성(天命之謂性)'이 천인합일을 설명하는 기본개념입니다. 성리학의 수양론은 이 천인합일을 구현하기 위한 하나의 방법이요 수단이지요.

◆ 천지생물지심(天地生物之心) : 직역하면, '천지가 만물을 살게 하는 마음'이 됩니다. 주자(朱子) 인설(仁說)의 핵심 용어라고 할 수 있어요. 주어가 '천지'이니, 천지가 바로 사유의 중심이 됩니다. '여천지만물위일체(與天地萬物爲一體)'가 인간을 사유의 중심에 둔다는 점을 고려할 때, 주자의 인설(仁說)은 정호(程顥)의 인설(仁說)과는 상대적인 위치에 놓인다고 할 수 있습니다.

◆ 체용(體用) : '본체와 그 작용'의 의미이지요. 사물을 체(體)와 용(用)의 두 측면으로 나누어, 그 각각의 의미와 상호 연관성 속에

서 사물을 이해하는 사고방식입니다. 주자는 체용론을 자유자재로 구사해 자신의 이론체계를 수립해간 학자입니다. 형이상자(形而上者)에도 체(體)와 용(用)이 있고, 형이하자(形而下者)에도 체(體)와 용(用)이 있다고 합니다. 형이상자로서는 충막자(沖漠者)가 체(體)이며 그 체(體)가 사물 사이에서 발현하는 것이 용(用)이고, 형이하자로서는 사물이 체(體)이고 그 사물의 이치가 발현하는 것이 용(用)입니다.

◆ 충서(忠恕) : 『논어(論語)』〈이인편(里仁篇)〉에 나오는 말입니다. '충(忠)'은 자기 자신이 할 바를 극진히 한다는 뜻이고 '서(恕)'는 자기를 미루어 남에게 미친다는 뜻입니다. 결국, 충서는 자신과 남과의 관계를 원만하게 지속시키는 데 필요한 실천윤리라고 할 수 있습니다. 실천윤리로서의 충서를 『대학』에서는 '혈구지도'라고 달리 표현했어요.

◆ 태극(太極) : 『주역(周易)』〈계사전(繫辭傳)〉의 "역유태극(易有太極)"에서 나온 용어입니다. 음양이 나누어지기 이전부터 태극이 존재한다고 했으므로 태극이 통체(統體)를 의미한다고 볼 수 있습니다. 태극의 성질은 분명치 않습니다. 『주역』〈계사전〉에서 밝히고 있지 않기 때문이지요. 후대의 여러 학자들이 태극의 성질을 놓고 제각기 다른 견해를 내놓았습니다. 예컨대, 주돈이(周敦頤)는 생성론의 관점에서 궁극적인 실체라고 했고, 소강절(邵康節)은 심학의 관점에서 마음이 곧 태극이라고 했고, 주자는 체용론의 관점에서 태극을 이(理) 혹은 이체(理體)라고 했답니다.

◆ 태극도설(太極圖說) : 북송 주돈이(周敦頤)의 저서입니다. 우주의 생성, 인류의 근원을 논한 249글자의 짧은 글이지만, 남송의 주자가 자기 철학의 근본 토대로 삼았기 때문에 주자학의 성전(聖典)으로 여겨지고 있습니다.

◆ 한원진(韓元震, 1682~1751) : 본관은 청주(淸州)입니다. 자는 덕소(德昭)이고, 호는 남당(南塘)입니다. 세종조 영의정을 지낸 상경

(尙敬)의 후손으로서, 아버지는 통덕랑 유기(有箕)이고, 어머니는 함양 박씨(咸陽朴氏) 숭부(崇阜)의 딸입니다. 권상하(權尙夏)의 문인으로 강문 8학사(江門八學士) 중 한 사람입니다. 호락논쟁(湖洛論爭)에서 호론(湖論)인 인물성이론(人物性異論)을 주장한 대표적 학자랍니다.

◆ 허령불매(虛靈不昧) : '마음을 비우고 영묘하여 어둡지 않다.'는 의미이지요. 사심(私心)이 없고 영묘(靈妙)하여 일체를 모르는 바 없는 것처럼, 천성(天性)의 덕(德)이 밝은 상태를 나타낸 형용어.

◆ 혈구지도(絜矩之道) : 『대학』에 나옵니다. '곱자를 가지고 재는 방법'이라는 의미. '구'는 곡척(曲尺)으로서 도량형의 기준입니다. 자기의 처지를 미루어 남의 처지를 헤아린다는 취지이기 때문에, 사회생활의 원칙이나 법도를 가리킨다고 이해할 수 있습니다.

◆ 호락논쟁(湖洛論爭) : 한원진(韓元震)과 이간(李柬)이 1709년(숙종 35)부터 벌인 인성과 물성의 동이 논쟁을 가리킵니다. 18세기 후반 이래 충청도[湖西]의 노론 학자들을 호론(湖論) 또는 호학(湖學)이라고 부르고, 서울[洛下]의 노론 학자들을 낙론(洛論) 또는 낙학(洛學)이라고 부르는 데서 명칭이 유래했답니다. 근대 이후 연구에서는 '호락논변(湖洛論辨)', '호락시비(湖洛是非)', '인물성동이논쟁(人物性同異論爭)'이라고도 부릅니다.

◆ 효제(孝悌) : '부모를 잘 모시고, 손윗사람을 잘 섬긴다.'는 의미입니다. 전통적인 윤리규범이지요. '효제'는 '효제(孝弟)'·'효우(孝友)'와 서로 통용됩니다.

1. 참고문헌

1.1 원전
『近思錄』 『南冥集』 『論語』 『大學』 『孟子』 『性理大全』 『荀子』 『二程遺書』 『張載集』 『朱子語類』 『朱子全書』 『周易』 『中庸』 『退溪全書』『河南程氏遺書』

1.2 문예작품
● 시
〈광야〉 이육사
〈너를 기다리는 동안〉 황지우
〈동명왕편〉 이규보

● 수필
『멈추면 비로소 보이는 것들』 혜민

● 설화
〈피타고라스의 가르침〉 오비디우스
『삼강행실도』 효행설화
〈화왕계〉 설총

● 소설
〈구운몽〉 김만중
〈너는 특별하단다〉 맥스 루케이도
〈심청전〉 작자 미상
〈지킬박사와 하이드〉 로버크 루이스 스티븐슨

● 드라마
〈너의 목소리가 들려〉 조수원 연출
〈당신이 잠든 사이에〉 오충환·박수진 연출
〈드림하이 1〉 이응복·김성윤 연출
〈미생〉 김원석 연출

● 영화
〈나, 다니엘 블레이크〉 켄 로치 감독

〈노팅 힐〉 로저 미첼 감독
〈드림라인〉 찰스 스톤 감독
〈리미트리스〉 닐 버서 감독
〈리틀 포레스트〉 임순례 감독
〈마션〉 리들리 스콧 감독
〈미씽〉 이언희 감독
〈미스 슬로운〉 존 매든 감독
〈뷰티 인사이드〉 백종렬 감독
〈와일드〉 장 마크 발레 감독
〈언노운〉 콜렛 세라 감독
〈우리들의 행복한 시간〉 송해성 감독
〈원더〉 스티븐 크보스키 감독
〈최종병기 활〉 김한민 감독
〈카트〉 부지영 감독
〈캐스터 어웨이〉 로버트 저메키스 감독
〈콘스탄틴〉 프란시스 로렌스 감독
〈터널〉 김성훈 감독
〈히말라야〉 이석훈 감독

● 웹툰
〈치즈 인 더 트랩〉 순끼

● 애니메이션
〈이웃집 토토르〉 미야자키 하야오

● 연극
〈수상한 흥신소〉 극단 익스트림 플레이

1.3 저서
權五鳳, 『퇴계선생일대기』, 교육과학사, 1997.
금장태, 『퇴계의 삶과 철학』, 서울대출판부, 1998.
김영식, 『주희의 자연철학』, 예문서원, 2005.
김우형, 『주희철학의 인식론』, 심산, 2005.
金鍾錫, 『퇴계학의 이해』, 일송미디어, 2001.

송봉구, 『주자의 공부방법론 연구』, 한국학술정보, 2007.
신연우, 『이황시의 깊이와 아름다움』, 지식산업사, 2006.
신태수, 『퇴계의 독서생활』, 지성인, 2013.
신태수·김원준·김기호, 김홍수, 『동양 고전독서이론 용어 해설집』, 영남대출판부, 2014.
신태수, 『퇴계의 독서법, 그 활간의 미학』, 영남대출판부, 2016.
신태수·이동기·김원준, 『인성오디세이』, 북코리아, 2016.
윤사순, 『한국유학사상론』, 열음사, 1986.
이동건, 『朝鮮時代 聖學十圖 이해에 대한 연구』, 영남대 박사논문, 2010.
李東熙, 『주자학의 철학적 특성과 그 전개 양상에 관한 연구』, 성균관대 박사논문, 1990.
이종호, 『온유돈후』, 아세아문화사. 2008.
林憲奎, 『儒家의 心性論 硏究』-孟子와 朱熹를 중심으로, 韓國學大學院 博士論文, 1999.
한형조, 『주희에서 정약용으로』, 세계사, 1996.
시마다 겐지, 김석근·이근우 역, 『朱子學과 陽明學』, 까치, 1977.
조셉 캠벨, 이윤기 역, 『신화의 힘』, 이끌리오, 2002.
풍우, 김갑수 역, 『천인관계론』, 신지서원, 1993.

1.4 논문

琴章泰, 「退溪의 仁思想과 人道精神」, 『退溪學』10, 安東大 退溪學硏究所, 1999.
김기현, 「心, 性, 情」, 『동아시아 문화와 사상』6, 동아시아문화포럼, 2001.
김병환, 「儒家의 生命觀 : 生生, 만물일체와 '살림'의 생명론」, 『儒敎思想文化硏究』22, 韓國儒敎學會, 2005.
金榮淑, 「退溪의 六友詩 類型에 따른 詩的 形象과 그 의미」, 『韓民族語文學』51, 韓民族語文學會, 2007.
金在龍, 「韓國 梅花詩의 傳統과 宋璟」, 『우리문학연구』22, 우리문학회, 2007.
金奉建, 「朱子와 退溪의 仁說」, 『퇴계학논집』6, 퇴계학연구원, 2000.

김우형, 「정호와 정이의 '본성' 이론에 나타나는 인식론적 사유의 특징」, 『동서철학연구』24, 한국동서철학회, 2002.

김원준, 「퇴계와 율곡의 독서법 용어를 통한 고전독서이론의 모색」, 『嶺南學』21, 경북대 영남문화연구원, 2012.

金鍾錫, 「마음의 철학 : 退溪心學의 構造分析」, 『民族文化論叢』15, 嶺南大 民族文化硏究所, 2008.

목영해, 「왕양명의 『大學』이해와 그 교육적 함의」, 『교육사상연구』18, 교육사상연구회, 2006.

신태수, 「퇴계 매화시의 형상미학과 그 인성론적 의의」, 『退溪學論集』19, 嶺南退溪學硏究院, 2016.

신태수, 「退溪 『陶山雜詠』에 나타난 興趣生活과 生態論理」, 『退溪學論集』21, 嶺南退溪學硏究院, 2017.

梁承武, 「朱子學과 退溪學의 同異」, 『退溪學報』87·88, 퇴계학연구원, 1995.

윤사순, 「유학의 '天人合一'사상에 대한 현대적 해석-誠과 誠實을 중심으로」, 『儒敎文化硏究』18, 成均館大 儒敎文化硏究所, 2011.

이광률, 「朱子의 敬思想에 관한 연구」, 『慶山大學論文集』15, 慶山大學校, 1997.

이동희, 「退溪學의 心學的 특성과 理의 의미」, 『現代와 宗敎』16, 현대종교문제연구소, 1993.

이동희, 「유가사상에 있어서 '자아'와 '개인'의 문제」, 『儒敎文化硏究』15, 성균관대 유교문화연구소, 2010.

이봉규, 「성리학에서 미발의 철학적 문제와 17세기 기호학파의 견해」, 『한국사상사학』13, 한국사상사학회, 1997.

이승환, 「朱子 수양론에서 未發의 의미」, 『退溪學報』119, 退溪學硏究院, 2006.

이재룡, 「주희 성리학에서의 소이연과 소당연의 도덕·실재적 함의」, 『法學論叢』34, 檀國大 法學硏究所, 2012.

李海英, 「李滉 理發說의 意味論的 고찰」, 『퇴계학논집』80, 퇴계학연구원, 1993.

이현선, 「張載 수양론에 대한 二程의 비판」, 『철학사상』26, 서울대 철학사상연구소, 2007.

임헌규, 「儒家 仁개념의 변환구조」, 『범한철학』34, 범한철학회, 2004.
임헌규, 「유교의 인간이상과 보편적 가족주의」, 『東洋古典研究』45, 東洋古典學會, 2011.
전호근, 「주희 심성론의 한국적 전개를 위한 최초의 갈등」, 『논쟁으로 보는 한국철학』, 예문서원, 1995.
조민환, 「朱熹 天理人欲之辨에 관한 美學的 研究」, 『儒敎思想研究』5, 한국유교학회, 1993.
최무석·손정호, 「주희의 경 사상에 대한 一연구」, 『敎育哲學』19, 한국교육철학회, 2001.
최정묵, 「주자의 〈仁說〉에 대한 검토」, 『동서철학연구』21, 한국동서철학회, 2001.
최진덕, 「주자의 中和新說과 敬의 공부론」, 『철학연구』51, 철학연구회, 2000.

2. 색인

〈ㄱ〉

각구일태극各具一太極 150 151 152 180
거경居敬 44 121 122 124
격물格物 18 19 26 99 104 106 109 110 129 145 180
격물궁리格物窮理 145
격물치지格物致知 108 109 110
겸애설兼愛說 65 66
경敬 18 44 85 101 164 165 166 180 189
계구신독戒懼愼獨 44
공능功能 50 177
공리주의功利主義 65 171 177
공자孔子 13 15 56 58 64 66 73 79 87 89 93 101 106 123 130 132 152 159 166 183 186 190 191
광야 135 196
구운몽 150 196
극기복례克己復禮 73
기질지성氣質之性 75 106 145 181 191

〈ㄴ〉

나, 다니엘 블레이크 169 196
남령전南靈傳 143
내성외왕內聖外王 99 181
너는 특별하단다 35 196
너를 기다리는 동안 135 196
너의 목소리가 들려 91 196
노팅 힐 36 197
능근취비能近取譬 87 181

〈ㄷ〉

당신이 잠든 사이에 63 196
도심道心 18 143
동명왕편 121 196
드림라인 84 85 197
드림하이 1 98 196
딜레마 문제 66
딜레마 상황 78 79

〈ㄹ〉

리미트리스 156 197
리틀 포레스트 113 197

〈ㅁ〉

마션 42 197
맹자孟子 43 64 66 187
목적론目的論 98 177
멈추면 비로소 보이는 것들 196
명물자命物者 5 181
묵자墨子 64 65 66 73 177
미발未發 157 181 189
미생 77 196
미스 슬로운 156 197
미씽 197

〈ㅂ〉

박시제중博施濟衆 89
반구저기反求諸己 92 182
본성本性 23 40
본연지성本然之性 144 181 182 185 188
뷰티 인사이드 149 197

〈ㅅ〉

사찬읍지私撰邑誌 56 59 178

Ⅳ. 용어 해설

삼강행실도三綱行實圖 3 56
상리공생相利共生 86 178
생생지리生生之理 129 182
생의生意 129 182
서명西銘 73 151 188
선의지善意志 50
선한 본성 13 14 16 142 143 164 184 187 190
성誠 14 85 86 87 92 183
성性 15 17 36 37 38 43 75 109 114 116 143 144 145 146 153 171 173 181 184 185 191 193
성기성물成己成物 14 85
성무선무불선론性無善無不善論 183
성명性命 56
성상근론性相近論 15 183
성선설性善說 15 164 184
성악설性惡說 164 184
성이원론性二元論 164 185
성즉리설性卽理說 15 36 109 129 143 144 146 164 171 185 193
세계교육포럼 14
소강절邵康節 16 43 115 185 187 194
소당연所當然 49 186
소이연所以然 186
소지所指 153
소크라테스 65 66 174
수기안인修己安人 73
수상한 홍신소 155 197
수성지愁城誌 143
수신제가치국평천하修身齊家治國平天下 14
수양적 독서 48 50 51 52 53
순선무악純善無惡 17
신유학시대 49 58 85 159 164 190
실용적 독서 48 52
심여리일心與理一 49 186
심위태극心爲太極 16 43 115 187
심즉리설心卽理說 146 187

심청전 55 56 196
심통성정설心統性情說 164

<ㅇ>

양구체養口體 56 187
양졸養拙 128 188
양지養志 56 187
언노운 163 197
여천지만물위일체與天地萬物爲一體 49 106 188 191 193
예禮 4 14 162 166 167 189
오상五常 74
와일드 128 197
왕수인王守仁 146 187
우리들의 행복한 시간 163 197
우주론적 50 159 190
우주적 가족주의 75 188
우주적 존재 5 15 16 43 44 45 50 86 88 94 95 117 145 167
원더 71 197
원시유학시대 49 58 159 164
유체이탈遺體離脫 178
의義 14 64 65 189
의무론義務論 98 177
의승기義勝記 143
이理 4 15 37 38 87 100 106 109 114 144 145 148 150 156 160 180 185 189 191 192 194
이利 14 17 64 65
이간李柬 37 189
이계룡전 56
이발已發 181 189
이발설理發說 189
이이李珥 37 122 189
이일분수理一分殊 49 150 180
이통기국설理通氣局說 37
이효상효以孝喪孝 178

IV. 용어 해설   205

이황李滉 18 190
인仁 13 65 73 86 87 89 94 106 122 129 131 132 184 188 190 191
인도人道 17 86 158 183
인물성동론人物性同論 36 37 189
인물성이론人物性異論 195
인욕人欲 16 17 114 144 145 191 193
인의仁義 63 145
인설仁說 186 193
인성교육진흥법 3 4 14 59 162 166 167

〈ㅈ〉

장재張載 51 143 151 185 187 188 191
절대효絶代孝 57 59
정신적 면역력 7 17 18 19 84 88
정심正心 99 109 123 165
정이程頤 15 51 56 64 73 129 143 144 151 180 185 186 191
정직 162 166 167
정표정책旌表政策 57 178
정호程顥 50 115 153 182 186 188 191 193
제4차 산업혁명 4 75 179
조식曺植 86 192
존심양성存心養性 192
존중尊重 14 35 39 70 162 166 167
존재론存在論 4 15 16 56 149 151 152 156 159 185
졸박拙朴 128 188
주돈이周敦頤 116 153 183 186 191 193 194
중화론中和論 16 181
지킬박사와 하이드 142 196
지행합일知行合一 187
진대방전 56
진실무망眞實無妄 86 183

〈ㅊ〉

책임責任 11 14 162 167

천天 15 16 43 114 115 116 143 192
천군본기天君本紀 143
천군실록天君實錄 143
천군전天君傳 143
천도天道 17 86 158 183
천리天理 16 114 129 144 187 191 193
천명天命 116
천명지위성天命之謂性 116 193
천의天意 65
천인관계天人關係 15 198
천인합일天人合一 52 114 192 193
천지생물지심天地生物之心 49 129 191 193
최저임금제도 8 29 168 169 170 171 173
최종병기 활 121 197
추기급인推己及人 86
충서忠恕 71 194
치지致知 99 106 109
치즈 인 더 트랩 85 197

〈ㅋ〉

카트 170 197
캐스터 어웨이 42 197
콘스탄틴 143 197

〈ㅌ〉

태극太極 16 114 194
태극도설太極圖說 43 116 187 193 194
터널 41 42 197
통관동정通貫動靜 49
통체일태극統體一太極 150 152 180
트라시마코스 65 179

〈ㅍ〉

플라톤 65 179
피타고리스의 가르침 106 196

〈ㅎ〉

학교모범學校模範 122
한원진韓元震 37 194 195
허령불매虛靈不昧 17 195
혈구지도絜矩之道 71 87 195
형기形氣 143 152 179
혜민 71 196
호락논쟁湖洛論爭 195
화왕계花王戒 143
화육사업化育事業 16 50
활간活看 8 28 154 159
활간론活看論 158
활간독서법活看讀書法 52 158 190
효孝 4 7 14 23 54 58 162 166 167
효자孝子 16
효치孝治 57 179
히말라야 127 197

◈ 저자 약력 및 저서

◆ 신태수

□ 학력 및 경력
- 경북대학교 대학원 국어국문학과 문학박사
  한국학중앙연구원 한국학대학원 문학석사
  영남대학교 문과대 국어국문학과 문학사
- 전 경일대학교 교육문화콘텐츠학과 교수
     영남대학교 기초교육대 교양학부 교수
  현 영남대학교 교육대학원 교수

□ 저서
- 전공 영역

『옛 孝行敍事의 功利的 談論』, 지성인, 2017.
『퇴계의 독서법 : 그 활간의 미학』, 영남대출판부, 2016.
『인성오디세이』, 공저, 북코리아, 2016.
『퇴계의 독서생활』, 지성인, 2013.
『표은집의 사자성어로 본 정몽주 인성론 : 인성, 세상을 바꾸는 힘』, 보고사, 2013.
『동양 고전독서이론 용어 해설집』, 공저, 영남대출판부, 2013.
『대칭적 세계관의 전통과 서사문학』, 새문사, 2007.
『한국 고소설의 창작방법 연구』, 푸른사상사, 2006.
『하층영웅소설의 역사적 성격』, 아세아문화사, 1995.

- 교양 영역

『표은, 이야기숲으로 걸어 나가다』, 공저, 지성인, 2018.
『준봉 고종후의 수평적 리더십』, 공저, 지성인, 2015.
『울진인의 의리정신 : 그 충과 효와 열』, 공저, 지성인, 2014.
『LEET논술』, 태학사, 2012.
『소단적치』, 공저, 정림사, 2011.
『논술과 이데올로기』, 정림사, 2007.
『실전논술 고삐잡기』, 새문사, 2007.
『논술 다이달로스와의 약속(권1~권4)』, 공저, 한국학자료원, 2006.
『논술 돈오점수』, 새문사, 2000.
『인문학문의 과제와 창조적 글쓰기』, 공저, 만인사, 2000.

옛 스승에게 묻는 인간의 길 20제
인성면접 문제풀이

2019년 02월 25일 초판 1쇄 발행

저 자 ‖ 신태수
펴낸이 ‖ 엄승진
책인편집.디자인 ‖ 디자이너 진
펴낸곳 ‖ 도서출판 지성인
주 소 ‖ 서울 영등포구 여의도동 11-11 한서빌딩 1209호
메 일 ‖ Jsin2011@naver.com
연락주실 곳 ‖ T) 02-761-5915 F) 02-6747-1612
ISBN ‖ 979-11-89766-03-0 13800

정가 17,000원

잘못 만들어진 책은 본사나 구입하신 곳에서 교환하여 드립니다.
이 책은 저작권법에 의해 보호를 받는 도서이오니 일부 또는 전부의 무단 복제를 금합니다.

「이 도서의 국립중앙도서관 출판예정도서목록(CIP)은 서지정보유통지원시스템 홈페이지(http://seoji.nl.go.kr)와 국가자료공동목록시스템(http://www.nl.go.kr/kolisnet)에서 이용하실 수 있습니다.(CIP제어번호: CIP2019004681)」